LE P. C.

DU MÊME AUTEUR

« LES DEUX PRÉSIDENCES DE JULES GRÉVY ». (Éditions des MÉMOIRES DE BERNARD LAVERGNE). Fischbacher, 1966.

LA RÉVOLUTION DES RÉVOLUTIONS, Éditions Sociales, 1967.

RÉFLEXIONS SUR LA COMMUNE DE PARIS, Julliard, 1971.

LE FRONT POPULAIRE (LA FRANCE DE 1934-1939) (en collaboration), Éditions Sociales, 1972.

DE LA GUERRE A LA LIBÉRATION (LA FRANCE DE 1939-1945) (en collaboration), Éditions Sociales, 1972.

HISTOIRE DE L'U.R.S.S. (4 tomes), Éditions Sociales, 1972-1975.

HISTOIRE DU PHÉNOMÈNE STALINIEN (Grasset), 1975.

LES JUIFS EN U.R.S.S. (Presse hebdomadaire nouvelle), 1975.

à paraître :

DÉBATS SUR « LE STALINISME » (Grasset), 1976.

JEAN ELLEINSTEIN

LE P.C.

BERNARD GRASSET
PARIS

INTRODUCTION

Ce livre m'est personnel, je n'ai demandé à personne l'autorisation de le rédiger et je ne l'ai donné à lire à personne. Je prends donc toute la responsabilité de ce qui est écrit et qui n'engage que moi.

Contrairement à ce que l'on pourrait penser, les ouvrages publiés récemment sur le P.C. ne sont pas très nombreux. Citons l'*Histoire du P.C.F.* de Jacques Fauvet (1964-1965), l'ouvrage d'Annie Kriegel, *les Communistes français* (1re édition 1968, 2e édition 1970), l'étude d'André Laurens et Thierry Pfister, *les Nouveaux Communistes* (1974). Il faut ajouter l'enquête d'André Harris et d'Alain de Sedouy, *Voyage à l'intérieur du parti communiste* (1974), et celle d'Anne Andreu et Jean-Louis Mingalon, *l'Adhésion* (1975). Signalons également la publication en 1969 des principaux rapports du colloque de la Fondation nationale des sciences politiques, *le Communisme en France* ainsi que *le Monde* — dossiers et documents — n° 30 (avril 1976). Le bilan est assez mince si l'on songe à l'importance des commentaires suscités par la politique du parti communiste français dans la presse, à la radio et à la télévision. Les articles de la presse quotidienne et hebdomadaire ainsi que ceux des revues sont beaucoup plus nombreux.

Naturellement, les documents publiés par le P.C.F. sont essentiels à connaître, c'est le cas de l'ouvrage de Georges Marchais, *le Défi démocratique* (Grasset 1973) et du *Socialisme pour la France* (Éditions sociales 1976) qui donne les principaux textes du XXIIᵉ Congrès.

On pourra consulter également un recueil de textes publié chez Christian Bourgois, *les P.C. espagnol, français et italien face au pouvoir* (1976).

Cette analyse du P.C.F. faite par un communiste apparaîtra à certains comme une forme habile de propagande. Je ne nie pas la sympathie que j'ai pour un parti dont je suis membre depuis trente-deux ans, pour les hommes qui le composent et le dirigent. Est-ce incompatible avec une étude sérieuse du phénomène communiste en France?

Pour nombre de Français, il existe un mystère communiste. De loin, le P.C.F. apparaît comme un animal bizarre, au comportement étrange sans être forcément antipathique. Je n'ai eu, en écrivant ce livre, pas d'autre intention que de détruire un certain nombre de légendes qui subsistent encore sur le P.C.

Je ne dis pas qu'il est semblable à tous les partis français. Il est à la fois semblable aux autres, composé d'hommes et de femmes issus de notre peuple, et en même temps différent car il possède des traits originaux, ce qui est le cas également des autres partis politiques français.

La signature en 1972 du Programme commun, pour laquelle le P.C.F. avait tant combattu, a ouvert une époque nouvelle dans l'histoire de notre pays. Il apparaît aux yeux d'un nombre de plus en plus grand de Français qu'une marche démocratique et pacifique vers le socialisme est nécessaire et possible. Pour la première fois en Occident, comme sans doute en Italie, le socialisme frappe à notre porte.

Face à la crise qui bouleverse le capitalisme, face aux possibilités nouvelles que crée la dynamique du Programme commun et aux responsabilités nouvelles que cela implique pour l'avenir, le P.C. change comme son XXIIe Congrès en porte témoignage. C'est pourquoi il importe de le connaître...

Raymond Aron, Annie Kriegel, Branko Lazitch, Alain Duhamel, d'autres encore que l'on m'excusera de ne pas citer ont le droit dans la presse, à la télévision ou à la radio, de parler « objectivement » du P.C. Ils peuvent écrire à son sujet parce que ce sont des spécialistes mais quand un communiste écrit ou parle du P.C., on prétend que cela relève de la propagande et de l'hagiographie. C'est contre cette singulière façon de voir les choses que je m'élève. Pierre Daix ou Roger Garaudy ont le droit de parler du P.C. puisqu'ils n'en sont plus membres, mais, parce que l'on est adhérent, et sans nulle intention de le quitter, ce ne serait plus un travail de spécialiste.

Eh bien, le lecteur jugera...

I

LE SENS DU XXIIᵉ CONGRÈS

Le XXIIᵉ Congrès du P.C.F. a été pour beaucoup une surprise et il reste pour certains une comédie.

L'idée centrale du XXIIᵉ Congrès [1] est cependant simple à saisir mais il n'est pire aveugle que celui qui ne veut pas voir... La voie vers le socialisme ne pourra être en France que démocratique et elle aboutira à la création de formes originales du socialisme (« un socialisme aux couleurs de la France », disait, dès 1973, Georges Marchais), qui seront à bien des égards radicalement différentes du socialisme existant parce que les conditions historiques de notre pays sont radicalement différentes de toutes celles des pays qui jusqu'à présent, de l'U.R.S.S. à la Chine, de la Hongrie à Cuba, de la Yougoslavie à la Corée ont entrepris des expériences socialistes. En d'autres termes, le socialisme à la française maintiendra la démocratie politique et les libertés publiques et les utilisera pour les transformations profondes de l'économie et de la

---

1. Voir *Le Socialisme pour la France,* publié par les Éditions sociales en 1976 et qui contient le rapport de Georges Marchais au XXIIᵉ Congrès et le document adopté à la fin du Congrès.

société, ce qui permettra d'étendre le champ d'action.

L'établissement de liens étroits entre socialisme, démocratie et libertés n'est pas vraiment nouveau pour le P.C.F. Depuis 1934, il a, en effet, clairement posé le problème de la lutte pour la démocratie et tout au long de son histoire depuis cette date, il a respecté, en ce qui le concerne, cette orientation. Il s'est toujours incliné devant le verdict du suffrage universel et a respecté les décisions d'assemblées parlementaires où il était en minorité. Au niveau de la pratique politique, il est impossible de lui faire des reproches sur ce terrain. On le critique à propos de ce qu'ont fait dans d'autres pays d'autres partis communistes, et on peut lui reprocher de ne pas avoir jadis critiqué ces partis mais ce sont des problèmes du passé et est-il bien juste et intellectuellement défendable de l'accuser de péchés qui ne sont pas les siens, même si ce sont ceux de ses frères?

Il est vrai qu'a subsisté pendant longtemps et jusqu'au XXIIe Congrès une certaine équivoque sur le plan théorique. Le P.C.F. luttait pour la démocratie et les libertés tout en conservant la référence à des textes théoriques écrits voilà des dizaines d'années — et pour certains vieux de plus d'un siècle — dans des conditions historiques radicalement différentes.

En outre, toutes les expériences socialistes existantes ont été obligées de recourir à la lutte armée pour triompher — en raison des conditions existant dans ces pays et à cette époque.

Elles ont abouti, en règle générale, à des systèmes politiques fondés sous la direction d'un Parti unique ou dominant et d'une philosophie d'État, le marxisme; et où n'existent pas de libertés publiques ni d'opposition politique. La « dictature du prolétariat » s'y est exercée de façon réellement dictatoriale pour des raisons historiques profondes qu'il importe de connaître et de comprendre.

En France, le Front populaire, puis la Résistance et la Libération, ont constitué des moments privilégiés marqués par l'Union des forces populaires et des réformes importantes.

En 1936, le P.C.F. refusa de participer au gouvernement Blum, ce qui constitua une lourde erreur qui affaiblit le Front populaire et en déporta l'axe vers la droite. De 1944 à 1947, il participait aux gouvernements, mais en 1947, à la faveur de la guerre froide, les communistes furent expulsés du gouvernement par le président de la République, le socialiste Vincent Auriol, qu'ils avaient cependant contribué à élire quelques semaines auparavant.

Les idées développées par Maurice Thorez, dans son interview au *Times* du 10 novembre 1946, et selon lesquelles « les progrès de la démocratie à travers le monde, en dépit de rares exceptions qui confirment la règle, permettent d'envisager pour la marche au socialisme, d'autres chemins que ceux suivis par les communistes russes... » furent remisées dans un tiroir pendant près de vingt ans, en raison de la guerre froide et de ses conséquences.

Dès le début des années soixante, le P.C. fut amené à approfondir les rapports entre la démocratie et le socialisme. C'est ainsi qu'en 1964, à son XVII° Congrès, il critiqua la thèse selon laquelle un Parti unique était nécessaire à la construction du socialisme, ce qui lui permettait de poser clairement les questions du pluralisme politique et idéologique.

Le Manifeste adopté à Champigny, par le Comité

central en 1968, explorait plus avant la double idée — inséparable, si l'on y réfléchit bien, d'une voie démocratique vers le socialisme et d'un socialisme démocratique[2].

Il maintenait cependant le concept de « dictature du prolétariat » et continuait à le considérer comme opératoire dans les conditions de la France contemporaine. Ce qu'il y a de radicalement nouveau, à mon sens, dans le XXIIe Congrès, ce n'est pas tant l'abandon du concept de dictature du prolétariat que l'élaboration d'une stratégie nouvelle de passage au socialisme et les conséquences qui en sont tirées.

Le mouvement ouvrier français, à la suite de Lénine, a eu tendance à considérer la démocratie et les libertés comme bourgeoises en elles-mêmes alors qu'en réalité ce qui était critiquable, c'était l'utilisation qu'en faisait la bourgeoisie et les limites qu'elle leur imposait.

Si l'on observe de plus près l'histoire de notre pays — et sans doute celle de quelques autres pays proches par l'histoire et la géographie —, nous constatons que la démocratie politique y a des origines lointaines. La Grèce, puis Rome ont fondé des systèmes politiques qui, dans un grand nombre de cas, reposaient sur le consensus des citoyens et leur participation à la direction des affaires de la cité sur la base de l'élection. Cette démocratie, même limitée aux citoyens, c'est-à-dire aux propriétaires d'esclaves, n'en constituait pas moins un régime politique très différent des tyrannies orien-

---

2. On peut consulter le texte du manifeste adopté par le P.C.F. à Champigny (Éditions sociales 1968) et le compte rendu de la semaine de la Pensée marxiste organisée en 1971 par le Centre d'études et de recherches marxistes. « Problèmes de la révolution socialiste » (Éditions sociales, 1971).

tales. Au Moyen âge, on assiste en France (en Flandre et en Italie) à la naissance de Communes démocratiquement administrées et qui imposent à leurs seigneurs l'octroi de chartes de liberté. La Renaissance, l'Humanisme, la Réforme, puis le Classicisme et le Baroque, l'Encyclopédie et le mouvement des Lumières touchent en profondeur la conscience de notre peuple, et la Révolution de 1789 n'est, sous cet angle, que l'apogée d'un long mouvement qui, à travers les siècles, fonde et consolide des structures et des modes de pensée démocratique.

Les révolutions bourgeoises se prolongent dans la France du XIXe siècle et en même temps la classe ouvrière naît et se développe, qui contraint la bourgeoisie elle-même à des réformes démocratiques que celle-ci commence à craindre.

Il faut la Révolution de 1848 pour imposer le suffrage universel et la Commune parisienne de 1871 pour amener la IIIe République à reconnaître le droit d'association, la séparation de l'Église et de l'État et la liberté de la presse.

Dans ces temps, il est vrai, la bourgeoisie sut assurer son hégémonie par les nombreux canaux idéologiques que l'État et la société civile mettaient à sa disposition : l'école, l'armée, les églises et les partis, les journaux, toutes les institutions par lesquelles se transmettait l'idéologie dominante [3].

La révolution soviétique de 1917 se produisit sur un terrain historique radicalement différent. Il n'y avait pas eu de révolution bourgeoise et la société

---

3. Ce que Louis Althusser nomme « Appareils idéologiques d'État », mais l'expression me semble insuffisante car elle ne recouvre pas l'ensemble de ce que Gramsci appelle les « appareils d'hégémonie ».

civile y était peu constituée, « gélatineuse », dira justement Gramsci. La révolution soviétique eut donc à assumer les tâches de la révolution bourgeoise et de la révolution socialiste, et elle le fit compte tenu de la guerre civile et de l'intervention étrangère en recourant à des procédés de plus en plus dictatoriaux. La dictature du prolétariat s'y confondit au lendemain de la guerre civile avec la dictature du Parti et avec l'utilisation de moyens proprement dictatoriaux (pas de suffrage universel, pas de libertés publiques) et plus tard ce fut le phénomène stalinien...

On ne peut s'abriter derrière des textes de Lénine de 1918 ou de 1920 pour justifier la nécessité de la dictature du prolétariat dans la France de 1976. Lorsque Lénine écrivait « la révolution prolétarienne et le renégat Kautsky », en septembre 1918, la guerre civile faisait rage en Russie. Moscou était menacé et la révolution grondait en Allemagne ainsi que dans toute l'Europe. Lénine, à bon droit, pouvait penser — et écrire — que la révolution ne pouvait être que violente, que la guerre civile était nécessaire et que la démocratie était impossible ou néfaste.

Après la Commune de 1871, la révolution russe, puis en 1918-1919 la révolution allemande semblait montrer que la voie de l'insurrection était la plus vraisemblable. Nous savons aujourd'hui que pour notre pays tel n'est pas le cas. C'est plutôt en Occident une exception qu'une règle. L'expression de « dictature du prolétariat » peut difficilement être utilisée pour désigner un pouvoir démocratique même si nous savons que Marx ne voyait pas en elle plus qu'un concept théorique destiné à caractériser le contenu de classe du nouvel État socialiste par opposition à celui de l'État capitaliste où s'exerçait la dictature de la bourgeoisie.

L'histoire depuis Marx a donné au mot dictature un sens tellement sanglant qu'on ne peut que rejeter cette expression comme contraire à la réalité de la politique démocratique du P.C.F. Le XXIIe Congrès devait souligner, et c'est ce que s'est attaché à démontrer avec précision Georges Marchais dans son rapport, que la situation des classes sociales dans la France contemporaine était radicalement différente de celle de la Russie en 1917. La domination des monopoles, l'existence de ce que le P.C.F. appelle le capitalisme monopoliste d'État, la crise économique, sociale, politique, idéologique qui secoue le monde capitaliste, tout cela fait qu'il est possible de réaliser l'Union des classes sociales non monopolistes pour passer au socialisme. « L'union du peuple de France » peut se réaliser autour de la classe ouvrière qui en est le moteur et sur la base de l'union de la gauche, mais ce qui importe c'est de bien voir que le nouveau pouvoir politique ainsi constitué ne sera pas seulement celui de la classe ouvrière mais celui de toutes les forces sociales, qui auront œuvré à la transformation de la société et à la naissance du nouveau pouvoir politique.

Ni du point de vue sémantique ni du point de vue conceptuel, la dictature du prolétariat ne correspond aux nécessités et aux réalités de la France contemporaine. Certains[4] continuent à avoir les yeux fixés sur la prise du Palais d'Hiver et sur la Longue Marche comme les Français l'avaient jadis

---

4. E. Balibar, *Sur la dictature du prolétariat*, Maspero 1976.

sur la ligne bleue des Vosges et ils ont tort. L'œuvre de Lénine ne doit pas être le Talmud.

Enfin, il y a un troisième type d'arguments qui justifie l'abandon du concept de dictature du prolétariat, c'est celui qui concerne les changements intervenus dans le rôle et les fonctions de l'État depuis plusieurs dizaines d'années. L'État conserve un contenu de classe. Contrairement à ce qu'en dit Balibar [5], personne ne le conteste. Simplement, dans notre économie, dans notre société, l'État joue un rôle croissant qui correspond à des fonctions diverses de caractère économique, politique, social et culturel. Le poids des activités répressives de l'État a relativement diminué même si celles-ci ont augmenté dans l'absolu. Les différentes institutions de l'État sont devenues des lieux de la lutte de classes et de la lutte d'idées.

Entre l'État et la puissante société civile qui caractérise notre civilisation, se nouent des liens d'un type nouveau, original, que l'on n'avait jamais vu auparavant et que ni Marx, ni Lénine ni même Gramsci ne pouvaient concevoir. Dès lors, le chemin de la prise du pouvoir et de la Révolution se transforme singulièrement. Dans un contexte international marqué par la coexistence pacifique, la voie démocratique vers le socialisme apparaît comme la seule possible, elle devient la voie naturelle qui correspond au terreau historique de la France contemporaine.

Certains qualifient cette politique d' « Eurocommunisme ». Le mot est confus. D'abord, certains pays socialistes (l'U.R.S.S. ou la Roumanie ou la Bulgarie, par exemple) sont européens en partie ou

---

5. *Idem.*

en totalité. Par contre, le Japon, dont certaines conditions sont plus proches de celles de la France contemporaine, est asiatique.

Il est vrai qu'il y a des points communs nombreux dans l'histoire d'un certain nombre de pays d'Europe occidentale, de pays latins plus précisément, où les partis communistes ont une grande influence (Italie, Espagne, France). Devrions-nous parler de latino-marxisme au sens où l'on parlait jadis d'austro-marxisme? Cela également m'apparaît comme ambigu. Il y a des ressemblances entre la situation de la France et celle de l'Italie mais aussi des différences. La centralisation est beaucoup moins développée en Italie — la bourgeoisie est de formation plus récente. Elle est plus jeune, plus faible, moins expérimentée.

En fait, on doit partir de la constatation qu'il existe des pays capitalistes développés en Europe, mais aussi en Amérique et en Asie (les États-Unis, le Canada, le Japon). Les circonstances historiques ont fait que, dans certains de ces pays, les partis communistes sont faibles et exercent une influence très modeste sur le cours des choses, mais sur bien des points il existe entre tous ces pays des caractéristiques communes liées précisément à leur histoire et à leur développement économique [6]. A partir de ces bases communes, chaque pays a sa propre voie de développement. Tout autant que de l'eurocommunisme ou du latino-marxisme, on pourrait parler

6. G. Marchais, à la Conférence des partis communistes européens, le 30 juin 1976 : « Nous constatons avec intérêt que par-delà les différences de situation dont ils tiennent compte comme nous d'autres partis communistes des pays capitalistes industrialisés en Europe et au Japon estiment faire face à des problèmes fondamentalement communs, qu'ils y apportent des réponses analogues et définissent une perspective socialiste fortement marquée d'un même souci démocratique... »

de l'italo-communisme, du franco-communisme et de l'hispano-communisme. L'essentiel est de prendre en compte à la fois les caractères généraux et les particularités nationales du cheminement vers le socialisme.

* *
*

Ce cheminement démocratique vers le socialisme n'implique ni renoncement à la lutte des classes ni confiance dans la bourgeoisie.

Tout changement historique suppose un certain rapport de forces. Il s'agit donc de créer entre les monopoles et le peuple français uni autour de la classe ouvrière et sur la base de l'union de la gauche un rapport de forces tel que la bourgeoisie ne puisse recourir à la guerre civile et à la subversion. Mieux encore, Marx n'envisageait-il pas dans certaines conditions historiques le rachat à leurs propriétaires des grands moyens de production et d'échange?

Clausewitz aimait à dire que la guerre c'est la continuation de la politique par d'autres moyens. On pourrait dire en inversant l'ordre des termes que la politique c'est la continuation de la guerre par d'autres moyens.

La lutte des classes n'est pas une invention des communistes. Elle fut le produit de l'histoire bien avant que Marx n'en reconnaisse l'importance. Ce qui change donc dans la politique du P.C.F. ce n'est pas la reconnaissance de l'existence de la lutte des classes mais c'est la conscience de la forme qu'elle revêt ou qu'elle est appelée à revêtir.

*
* *

La crise du capitalisme le secoue fortement en particulier en France. Le XXIIᵉ Congrès a montré avec clarté que c'était une crise globale, qui ne se limitait pas à l'économie [7]. Elle l'affaiblit et le rend plus vulnérable. On peut dire que dans les conditions de la France contemporaine le socialisme frappe à notre porte. C'est pourquoi il est devenu d'une importance décisive de définir les voies et les moyens qui permettent de le construire en même temps que d'établir un projet cohérent et réaliste de socialisme pour la France.

L'importance attachée à l'idée nationale par le P.C.F. s'explique dans le cadre des menaces qui pèsent sur l'indépendance de la France en raison d'un certain nombre de traits de la politique du gouvernement français, de celle des États-Unis et de l'Allemagne occidentale. Les révélations du chancelier allemand Helmut Schmidt sur le complot de Porto-Rico le montrent clairement. L'impérialisme n'a pas renoncé à empêcher l'alternance démocratique en Europe occidentale mais il y a loin de ce chantage et de ces pressions à la réalité de notre époque.

Avec le Programme commun, il est clair que le P.C. a accepté le maintien de la France dans le Pacte atlantique, le principe du Marché commun, et de la construction européenne, mais il ne les a pas acceptés dans le but de perpétuer une politique atlantique et une politique européenne qui mettent

---

7. G. Marchais, Rapport au XXIIᵉ Congrès, p. 23-24, *Cahiers du communisme,* nº 2-3, 1976... « La crise n'est pas seulement économique mais aussi sociale, politique, idéologique et morale. »

en cause notre Défense nationale notre économie et notre indépendance politique. Il l'a fait comme le déclare clairement le Programme commun « en vue de la libérer de la domination du grand capital ».

Il serait faux et injuste de définir à partir de là la politique du P.C.F. comme nationaliste. Être attaché à sa propre nation, être patriote ce n'est pas être nationaliste ou bien il faut dire clairement qu'il y a incompatibilité entre une politique nationale et la politique communiste — ce qui est radicalement faux — et que toute politique nationale se transforme nécessairement en une politique nationaliste.

Nous nous trouvons dans une Europe qui a connu depuis 1945 une certaine histoire et cette histoire lui a donné une certaine figure. On ne peut oublier qu'il y a eu Yalta, qu'il y a eu la guerre froide, la naissance du pacte de l'Atlantique et celle du pacte de Varsovie. Certes, depuis quelques années, la détente est une réalité heureuse, mais qui s'effectue en Europe sur la base du *statu quo* social et politique. Enrico Berlinguer, le secrétaire général du parti communiste italien avait raison, à mon sens, de souligner à Berlin, lors de la conférence des partis communistes européens qu'il ne fallait pas procéder « à des altérations unilatérales de l'équilibre stratégique entre le pacte atlantique et le pacte de Varsovie ». Il y a cependant une différence essentielle entre la situation de la France et celle de l'Italie. La France s'est retirée depuis plus de dix ans de l'organisation militaire intégrée du pacte de l'Atlantique alors que l'Italie lui appartient toujours. C'est au contraire le gouvernement français qui tente depuis quelque temps de revenir à la situation qui avait précédé la décision du général de Gaulle, d'où l'article du général Méry dans la *Revue de la Défense nationale* et l'abandon d'une stratégie nucléaire tous azimuts; c'est pourquoi le P.C.F. pose la question très précisément d'une « défense authentiquement nationale non intégrée à l'O.T.A.N. contre tout agresseur éventuel quel qu'il soit [8] » et de cela découle à plus ou moins longue échéance, me semble-t-il, l'acceptation de l'arme nucléaire française, car on ne peut concevoir une défense nationale authentique fondée seulement sur le lance-pierre ou les armes conventionnelles.

Quant à la construction européenne, elle pose des problèmes complexes.

Il me semble qu'ils peuvent être résolus sur la base de deux grands principes contenus au demeurant dans le Programme commun.

Le gouvernement de la gauche devra veiller à « préserver au sein du Marché commun sa liberté d'action pour la réalisation de son programme politique, économique et social » et les institutions européennes ne devront pas amputer la souveraineté nationale en quoi que ce soit. L'Europe ne peut qu'être une Europe des Nations, organisée de façon confédérale.

Cette politique ne m'apparaît nullement comme nationaliste, ou bien il faudrait considérer que la seule façon de montrer que l'on n'est pas nationaliste est de consentir à des abandons de souveraineté au profit d'autorités supranationales; cela me semble une conception un peu étrange de l'Internationalisme...

---

8. J. Kanapa, rapport au Comité central du P.C.F., *l'Humanité* du 23 juin.

*
* *

Le P.C.F. a lutté pied à pied de nombreuses années pour la signature d'un Programme commun de gouvernement. Après la signature de celui-ci, il a lutté et il lutte encore pour son application et la fidélité aux engagements pris en commun.

Pour les élections municipales de 1977, un accord national a fini par être conclu entre les partis signataires du Programme commun pour la formation de listes d'union de la gauche dans toutes les communes de France.

La majorité actuelle se sent terriblement menacée. Elle souhaite utiliser l'anticommunisme et tenter de diviser socialistes et communistes, mais sa marge de manœuvre est de plus en plus étroite, ses réserves sont de plus en plus minces.

L'importance des décisions du XXIIe Congrès ne me semble pas encore tout à fait comprise. Comme il arrive souvent, elle s'éclairera au fil des jours et des ans.

Les changements du P.C. sont encore souvent ignorés ou même niés purement et simplement.

De Raymond Aron à Annie Kriegel, d'Alain Duhamel à Branco Lazitch, les commentateurs s'interrogent, imaginent ou inventent mais, comme disait déjà Dante que Marx aimait à citer : « Laisse dire les gens et suis ton chemin. »

II

LE P.C.F., L'U.R.S.S.
ET L'INTERNATIONALISME

Les rapports entre le P.C.F. et l'U.R.S.S. ont des fondements historiques qu'il importe de connaître et qui sont liés à ses origines.

Le P.C.F. plonge ses racines dans l'histoire du mouvement ouvrier français, mais il a vu le jour en décembre 1920, au Congrès de Tours, lors de l'adhésion du parti socialiste à la IIIᵉ Internationale (Komintern), que les bolcheviks avaient fondé en mars 1919; la majorité avait en même temps décidé de changer le nom du Parti devenu alors parti communiste français (S.F.I.C., Section française de l'Internationale communiste), alors que la minorité gardait l'ancienne dénomination de S.F.I.O. (Section française de la IIᵉ Internationale ouvrière). La scission s'était effectuée sur la base des 21 conditions que le Komintern avait rendues obligatoires pour tous les partis qui sollicitaient leur adhésion. Le désaccord portait en premier lieu sur l'attitude vis-à-vis de la révolution soviétique, sur les conditions de la Révolution en Europe et sur les principes mêmes du Parti. Il ne faut pas perdre de vue le fait que l'Europe sortait d'une guerre longue et sanglante qui avait durement frappé tous les peuples et qu'une profonde crise révolutionnaire avec des formes brutales secouait l'Europe depuis la Révolution soviétique (Allemagne, Hongrie). En Russie, la guerre civile se terminait mais laissait le pays à feu et à sang.

La quatorzième condition d'adhésion à l'Internationale communiste précisait :

« Les partis désireux d'appartenir à l'Internationale communiste doivent soutenir sans réserve toutes les Républiques soviétiques dans leur lutte avec la contre-révolution. Ils doivent préconiser inlassablement le refus des travailleurs de transporter les munitions et les équipements destinés aux ennemis des Républiques soviétiques et poursuivre soit légalement soit illégalement la propagande parmi les troupes envoyées contre les Républiques soviétiques. »

C'est ce que les communistes français appelleront « la défense inconditionnelle de l'Union soviétique ». Celle-ci se justifiait à leurs yeux en raison de la faiblesse du premier État socialiste et des attaques dirigées contre lui ou susceptibles de l'être par les grands pays capitalistes de l'époque, par l'encerclement auquel on l'avait soumis, par exemple avec la création du « cordon sanitaire », qui devait empêcher les miasmes dus au virus bolchevique d'entrer en Europe. La Pologne, la Roumanie, la Bulgarie, la Hongrie, connurent ainsi une dictature militaire : violemment anticommuniste.

Membre de l'Internationale communiste, le P.C.F. avait de ce fait des obligations extrêmement contraignantes puisque l'Internationale communiste était une organisation centralisée dont les décisions étaient obligatoires pour les Partis membres. Le rôle du parti communiste de l'Union soviétique était prédominant, en raison même de son poids spécifique. C'était le seul parti qui dirigeait un État. Le siège du Komintern était à Moscou. Sans doute ne faut-il pas caricaturer les rapports entre les partis communistes, à cette époque. Il y avait des discussions animées (par exemple, en 1934-1935, au moment de la préparation du VIIe Congrès de l'Internationale communiste sur la stratégie antifasciste) mais, néanmoins, l'influence soviétique s'exercera d'une façon profonde, et sous la forme stalinienne qui était la sienne depuis au moins la fin des années vingt.

L'Internationale communiste fut dissoute en 1943.

Au lendemain de la Seconde Guerre mondiale, il se constitua un Bureau d'information des partis communistes (Kominform, d'après les abréviations des mots russes), qui ne possédait point une structure aussi centralisée que l'Internationale communiste mais qui, néanmoins, se permit de condamner le communisme yougoslave. Le Bureau d'information a été supprimé en 1957. Il n'existe donc, aujourd'hui, aucun centre international des partis communistes. Ces derniers peuvent se rencontrer dans les conférences internationales organisées sur la base d'un programme précis. La dernière conférence vraiment mondiale des partis communistes et ouvriers date de 1960. Quatre-vingt-un partis, dont le parti communiste chinois, étaient présents.

Une conférence internationale à laquelle ne participait pas le P.C. chinois eut lieu en 1969, mais il n'y fut pas pris de décisions contraignantes pour les partis participants et ceux-ci se refusèrent à intervenir dans les affaires intérieures de tel ou tel parti.

Une conférence européenne des partis communistes s'est tenue les 23 et 24 juin 1976 à Berlin-Est. Vingt-neuf partis communistes étaient présents. Comme le notait Georges Marchais à son retour à Paris, « la conférence a défini un certain nombre d'objectifs d'action pour la détente, pour la sécurité, pour la coopération en Europe... Pour le reste, la conférence a manifesté la grande diversité des chemins suivis par les partis communistes. Je dirai plus, elle a reconnu cette diversité. Elle a montré aussi que chaque parti communiste est indépendant, souverain et elle a montré que cela n'empêche ni l'amitié ni la solidarité internationale ».

Dans leur intervention à la conférence de Berlin, Georges Marchais, Enrico Berlinguer et Santiago Carrillo (le dirigeant du P.C. espagnol) devaient souligner que de telles conférences ne correspondaient plus aux besoins de l'époque et qu'il fallait « trouver des formes nouvelles de rencontre collective, plus vivantes, plus souples et plus efficaces ».

Il n'existe donc plus que des partis communistes théoriquement libres et égaux en droit, indépendants et majeurs. Il est vrai que certains partis communistes interprètent ces décisions au nom de l'internationalisme prolétarien, se permettent de critiquer d'autres partis communistes et d'intervenir dans leurs affaires intérieures. Ce fut, par exemple, le cas, lors des événements de Tchécoslovaquie de 1968, où l'on vit les forces armées de cinq États socialistes (Union soviétique, Pologne, Hongrie, Bulgarie, République démocratique allemande) envahir la Tchécoslovaquie pour contraindre le parti communiste tchécoslovaque à modifier sa politique.

Peu à peu, l'U.R.S.S. et les pays socialistes

européens sont ainsi amenés à définir un « internationalisme socialiste », base de l'internationalisme prolétarien et qui comprend deux faces.

Dans cette perspective l'U.R.S.S. est considérée comme le modèle du socialisme et l'État-pilote. L'attitude à son égard demeure la pierre de touche de l'internationalisme : la critiquer c'est tomber dans le nationalisme et dans l'antisoviétisme ; mais l'internationalisme socialiste a une autre face. Elle consiste à protéger « l'ordre socialiste », tel qu'il existe dans les États socialistes, y compris si celui-ci est menacé de l'intérieur. C'est précisément la raison invoquée par les cinq pays du Pacte de Varsovie lors de leur intervention en Tchécoslovaquie, en août 1968. Ce que le P.C.F. critiqua clairement et fermement.

L'internationalisme ne peut se concevoir que dans l'indépendance et l'égalité des États et des partis, et la solidarité internationale des peuples doit être clairement dirigée contre l'impérialisme et non servir de justification à des immixtions dans la politique intérieure de pays socialistes ou de partis communistes.

L'attitude des communistes français vis-à-vis de l'Union soviétique a été amenée ainsi à évoluer depuis quelques années.

Le premier signe public de cette évolution peut être trouvé à l'occasion des procès de deux écrivains soviétiques, Siniavski et Daniel, jugés pour avoir laissé imprimer en Occident des écrits qualifiés d'antisoviétiques par l'accusation. *L'Humanité,* sous la plume de Louis Aragon, protesta fermement contre ce procès et contre la condamnation par le tribunal des deux écrivains à de lourdes peines de déportation.

L'invasion de la Tchécoslovaquie suscita une grande émotion et un trouble certain chez les communistes français. Le parti communiste français jugea nécessaire, tout en maintenant fermement sa condamnation de l'invasion, de lutter contre l'anti-soviétisme que les événements — et l'utilisation évidente qu'en fit la bourgeoisie — ne pouvaient que nourrir.

Un double mouvement allait cependant modifier la situation et amener une évolution nouvelle et importante que le XXIIe Congrès du P.C.F. devait mettre en lumière.

La politique soviétique évoluait sur le plan international comme sur le plan intérieur, dans un sens négatif à bien des égards.

Certes, l'Union soviétique enregistrait des succès dans sa lutte pour la détente et la coexistence pacifique (accords avec les États-Unis, conférence d'Helsinki sur la coopération européenne) mais elle tendait à interpréter cette détente dans le sens du maintien du *statu quo*. L'approbation donnée par les autorités soviétiques à la politique étrangère de Pompidou, puis de Giscard d'Estaing, devait mettre ce fait en lumière. Les racines du phénomène stalinien restaient encore vivaces car le XXe Congrès du parti communiste de l'U.R.S.S., en février 1956, n'en avait coupé que les signes extérieurs les plus sanglants.

Les insuffisances de la démocratie socialiste se manifestaient dans tous les domaines de la vie soviétique et des résurgences du phénomène stalinien apparaissaient de plus en plus clairement depuis 1964, c'est-à-dire depuis l'élimination de Nikita Khrouchtchev. La répression se substitua fréquemment à la lutte d'idées, d'où la condamnation à la déportation d'écrivains, de savants, de chrétiens ou de juifs coupables aux yeux des autorités d'avoir critiqué tel ou tel aspect du fonctionnement du régime soviétique, d'où l'internement en hôpital psychiatrique d' « opposants », d'où le bannissement d'écrivains ou de musiciens. Les noms de Plioutch, de Mikhael Stern, de Koveliev, illustrent l'extension de cette répression.

On ne peut réduire l'Union soviétique d'aujourd'hui à ces aspects [1] mais on ne peut les ignorer et n'en pas voir l'importance.

Dans le même temps, l'évolution de la situation en France amenait le parti communiste français à une réflexion plus appronfondie sur les voies et les moyens de la révolution socialiste dans la France contemporaine [2]. Les différences entre la situation de la France contemporaine et celle de la Russie de 1917 ou celle de tous les autres pays socialistes ne pouvaient dès lors qu'apparaître clairement. Jusqu'à nos jours, la révolution socialiste n'a triomphé que dans des pays dont les caractéristiques présentent des traits communs au-delà des variantes nationales évidentes. Il s'agissait de pays peu développés économiquement ou dont le développement était récent. Le monde rural dominait (dans la proportion de 70 à 95 %) et l'arriération culturelle y était considérable (dans des proportions identiques).

Ces pays n'avaient pas connu la révolution démocratique bourgeoise. La démocratie politique n'y existait pas et les libertés publiques n'y étaient pas constituées pour l'essentiel.

---

1. Voir à ce sujet le fort intéressant numéro de la revue *Projet*, n° 103, mars 1976.
2. Voir le chapitre I de ce livre.

Les conditions préexistantes à la révolution, et celles de la Révolution elle-même, avaient créé, en règle générale, des systèmes politiques reposant sur l'existence d'un Parti-État (Parti communiste ou ouvrier) et d'une philosophie d'État (le marxisme).

Le parti communiste était un parti unique ou un parti dominant. D'autres partis peuvent exister mais n'ont pas d'indépendance réelle et de structure nationale verticale. Il n'y a pas, dans ces pays, de parti d'opposition et les libertés publiques n'y ont guère été développées. La naissance d'un mode de production socialiste ne crée pas *ipso facto* la démocratie politique quand elle n'existait pas auparavant; ce qui était le cas dans tous les pays socialistes actuels, à l'exception de la Tchécoslovaquie (mais le phénomène stalinien y fut déterminant au lendemain de la Seconde Guerre mondiale).

Les structures politiques ne sont pas déterminées directement par le mode de production et c'est cette autonomie du politique (ou de l'idéologique) par rapport à l'économique et au social qui permet de comprendre pourquoi et comment un socialisme « élémentaire » ne crée pas, contrairement aux illusions d'origine utopique, *ipso facto,* une démocratie politique. Nous ne disons pas qu'il n'y a pas de liens entre ces différents phénomènes, nous constatons simplement qu'ils ne sont pas d'une nature aussi rigide qu'on pouvait le penser. Le mode de production socialiste a permis des avancées démocratiques, compte tenu de ce qu'étaient ces pays avant la révolution, mais il leur reste à résoudre de façon convenable les problèmes posés par le développement de la démocratie socialiste. L'absence de libertés démocratiques dans les pays socialistes existants n'est en rien une preuve de l'incompatibilité de la démocratie et du socialisme car on ne peut juger du problème en lui-même mais dans son environnement historique.

A l'exception de la Tchécoslovaquie, le socialisme n'a pas détruit les libertés antérieures. Il en a fondé certaines (par l'essor culturel et l'amélioration du niveau de vie), mais il n'a pas détruit, en particulier, les libertés publiques.

Il a fait ses preuves dans un certain nombre de pays qui répondent à des critères différents des nôtres. Il lui reste à s'affirmer précisément dans les conditions des pays industriels développés de l'Occident.

La condamnation par le parti communiste français de ce qu'on appelle le « stalinisme » a été faite avec fermeté, en particulier au cours de la réunion du Comité central de mai 1975 (discours de Georges Marchais au Comité central).

De la même façon, les manquements graves à la démocratie socialiste (internements dans les hôpitaux psychiatriques, condamnations à la déportation dans des camps de travail forcé pour des raisons politiques) ont été condamnés fermement, à plusieurs reprises, ainsi que la politique culturelle répressive pratiquée en Union soviétique.

Cela ne signifie pas qu'il existe un « schisme » et cela ne veut pas dire non plus qu'il y ait menace d'une rupture entre communistes français et soviétiques. Il y a des divergences graves sur la politique étrangère, sur la théorie marxiste (la suppression de la « Dictature du prolétariat »), sur la marche vers le socialisme et sur la démocratie politique.

La solidarité de combat contre l'impérialisme demeure intacte mais la question est de savoir si le parti communiste de l'Union soviétique est décidé à accepter des critiques de la part des autres partis communistes.

Est-il capable de reconnaître la différence entre les adversaires du socialisme et ceux de ses partisans qui n'en ont pas pour autant la même idée qu'eux?

Est-il en mesure de reconnaître ses amis, même s'ils ne sont pas aussi complaisants qu'on pourrait le souhaiter?

Le véritable internationalisme ne peut exister que sur la base de l'indépendance réelle de chaque parti et de chaque État. Il ne peut se développer que sur la base de l'égalité en droits et en devoirs.

Le mouvement communiste international a subi une épreuve dramatique avec la rupture intervenue entre Moscou et Pékin. Est-il nécessaire de lui en imposer une nouvelle dont la gravité ne serait pas moindre?

De ce point de vue la conférence des partis communistes européens de juin 1976 est un signe intéressant et encourageant de l'évolution des rapports entre les partis communistes.

Le P.C.F. appartient sans réserve au mouvement communiste international (au XXIIe Congrès, quatre-vingt-huit partis communistes et mouvements de libération étaient représentés, d'autres s'étaient excusés) mais cela n'aliène en rien son indépendance.

Son orientation politique se décide à Paris et non à Moscou ou à Pékin, aime à déclarer Georges Marchais.

Il existe des rapports étroits entre les partis des pays capitalistes développés dont les conditions de lutte présentent des points communs nombreux. Ils se sont réunis en 1974, à Bruxelles, et tiennent régulièrement des conférences sur des questions importantes d'intérêt général (en avril 1976, à Stockholm, par exemple, sur les problèmes de l'inflation).

Il existe enfin des relations bilatérales entre tous les partis communistes.

Par exemple, des relations de plus en plus étroites se nouent avec le parti communiste italien. En septembre 1975, Enrico Berlinguer s'est rendu à Paris; en décembre 1975, Georges Marchais à Rome. Ils ont, à cette occasion, signé, chacun au nom de son parti, une déclaration commune définissant une voie démocratique vers le socialisme démocratique (« les perspectives d'une voie démocratique vers le socialisme et la construction d'une société socialiste pleinement démocratique » Enrico Berlinguer, Interview *Humanité,* 22 mai 1976).

En juin 1976, Enrico Berlinguer et Georges Marchais ont pris la parole devant des dizaines de milliers de personnes au cours d'une réunion organisée par le P.C.F. à la porte de la Villette.

En avril 1976, Georges Marchais s'est rendu au Japon et a signé une déclaration commune avec le parti communiste japonais.

En avril 1976, une délégation du Front de libération nationale de l'Algérie s'est rendue en France et a eu des contacts amicaux avec le P.C.F. Un communiqué commun a été adopté à la fin de son séjour.

Ce sont quelques exemples parmi d'autres qui permettent de mieux comprendre ce qu'est l'activité internationale du P.C.F.

Solidaires mais indépendants, égaux mais différents, amis mais critiques, telles sont les relations entre partis communistes.

Le sondage organisé par la SOFRES pour le compte du *Nouvel Observateur,* entre le 16 et le 23 janvier 1976, comportait quelques questions sur les rapports entre le parti communiste français et l'U.R.S.S. Les voici avec leurs réponses :

— Dans ses décisions, le P.C.F. tient trop compte des intérêts de l'U.R.S.S.

> D'accord .... 38 %
> Pas d'accord .... 29 %
> Sans opinion .... 33 %

— Au total, diriez-vous que depuis 5 ans le P.C.F. s'est éloigné, un peu éloigné, peu éloigné, pas éloigné du tout de l'Union soviétique ?

> Beaucoup .... 5 %
> Un peu .... 37 %
> Peu .... 15 %
> Pas du tout .... 17 %
> Sans opinion .... 26 %

— Le parti communiste français a récemment pris un certain nombre de décisions nouvelles : abandon de la formule « dictature du prolétariat », appui à la libération d'un mathématicien soviétique interné, critique des camps de travail en U.R.S.S. Pensez-vous que ces prises de position vont beaucoup modifier, un peu modifier ou pas du tout modifier les rapports entre le P.C.F. et l'Union soviétique ?

> Beaucoup .... 5 %
> Un peu .... 43 %
> Pas du tout .... 25 %
> Sans opinion .... 27 %

Tenons compte du fait que, dans un sondage, la façon de poser la question oriente quelque peu la réponse. Admettons que le sondage fût effectué avant le XXIIe Congrès, mais, si on le compare aux sondages mensuels de l'IFOP préparés pour *le Figaro,* nous constatons qu'il reste une majorité de Français qui continue à conserver du P.C.F. l'image d'un parti « qui tient trop compte des intérêts de l'U.R.S.S. », même s'il s'en est un peu éloigné.

C'est pour une part la conséquence du matraquage idéologique que les media ont amplifié depuis quelques années, mais est-ce seulement cela? Je ne le pense pas. L'évolution de la situation en U.R.S.S., l'intervention en Tchécoslovaquie, les camps de déportation, les internements en hôpital psychiatrique, les mesures contre les juifs et les chrétiens, les difficultés agricoles et économiques ont terni l'image de l'Union soviétique dans la France contemporaine et c'est objectivement une difficulté pour le P.C.F.

En outre, nombre de communistes ont été formés en France, dans un esprit philosoviétique qui laissait peu de place à la critique, d'où la difficulté d'un certain nombre d'entre eux à s'exprimer clairement, lucidement, sur l'évolution soviétique et les différences qui existent entre la situation de la France aujourd'hui et celle de la Russie ou de l'Union soviétique.

Certains continuent à confondre l'antisoviétisme avec la critique de tel ou tel aspect de la politique soviétique, mais l'insuffisance des explications sur la réalité soviétique et les problèmes qu'elle pose constituent un obstacle certain pour la compréhension d'un nombre non négligeable de communistes.

Il devient quand même plus clair, après le

XXIIe Congrès, que la marche au socialisme en France sera radicalement différente de la voie suivie jusqu'à présent par toutes les expériences socialistes existantes et que le socialisme sera radicalement différent dans la France contemporaine de ce qu'il a été jusqu'à présent. Il reste à rendre plus crédible ces deux idées et pour cela à les éclaircir par une démarche de principe rigoureuse. Une « voie française vers le socialisme » n'est pas en contradiction avec la solidarité internationale des travailleurs et des peuples. Le véritable internationalisme ne peut s'épanouir que dans l'indépendance de chaque peuple et de chaque État.

III

LA CELLULE :

DE L'ENTREPRISE A LA COMMUNE

L'organisation du parti communiste apparaît mystérieuse aux yeux de tous ceux qui n'en ont pas été adhérents ou dont les proches n'en ont pas été membres... mystérieuse et inquiétante pour beaucoup.

Ce sentiment de mystère a plusieurs sources. Les adversaires des communistes ont utilisé l'argument comme un moyen propre à détourner les électeurs de voter pour eux. Les circonstances — c'est-à-dire la répression — ont amené, dans le passé, le P.C.F. soit à être clandestin soit à craindre de le devenir et donc à s'y préparer. Depuis la libération de la France, c'est-à-dire depuis trente-deux ans, le parti communiste français a une existence légale. La répression s'est abattue sur quelques-uns de ses militants au moment de la guerre froide et en raison de son opposition à la guerre d'Indochine et à la guerre d'Algérie. Ce fut le cas, en particulier, en 1952, avec le complot des pigeons qui vit l'arrestation de Jacques Duclos. Depuis la fin de la guerre d'Algérie, on doit cependant noter que le parti communiste français n'a pas été victime d'une répression spécifique et frontale en tant que parti.

Il subsiste cependant des secteurs où la répression

s'exerce contre eux directement ou indirectement.

C'est le cas dans les entreprises où le gouvernement et le patronat s'efforcent d'interdire les organisations communistes et d'empêcher les prises de parole des dirigeants. Le patronat entend même interdire aux comités d'entreprise élus par l'ensemble du personnel de recevoir des communistes responsables. Ce serait, selon les termes d'un article publié par Jean-Claude Soyer dans *le Figaro* du 31 mai 1976, « un cheval de Troie ».

Selon les dirigeants du Conseil national du Patronat français, les employeurs doivent être maîtres chez eux et pouvoir interdire l'activité du parti communiste en tant que telle.

Remarquons d'abord que le problème se pose autrement dans toutes les entreprises nationales qui appartiennent à la collectivité et non à des personnes privées. Ensuite, l'entreprise ne peut être considérée comme la chasse gardée de son propriétaire. C'est ce que faisait celui-ci voici un siècle par rapport aux syndicats et aux associations ouvrières. C'est seulement en 1884 que fut reconnue l'existence légale des syndicats. Pendant longtemps, les fonctionnaires n'eurent pas le droit de se syndiquer et les militants syndicaux étaient licenciés, inscrits sur des listes noires, et dans l'impossibilité de trouver un travail qui corresponde à leur qualification. On ne voit pas pourquoi et au nom de quoi la liberté dans l'entreprise serait limitée aux syndicats. En outre, propriété privée, l'entreprise possède un statut particulier. On ne peut pas l'assimiler, par exemple, à un appartement, qui est, lui, d'usage privé. L'entreprise, bien au contraire, est d'usage public même si elle ressort du droit privé. L'activité du parti communiste à l'intérieur de l'entreprise ne menace ni le matériel de l'entreprise ni son activité. La limiter, la gêner, plus encore l'interdire, est donc un acte politique répressif sans motivation technique d'aucune sorte, qui ne met nullement en cause la propriété privée.

Il reste également des discriminations dans un certain nombre d'activités où le fait d'être communiste constitue un handicap incontestable. Il n'y a de journalistes communistes par exemple ni dans les journaux parlés de la télévision, ni à Radio-France, ni dans les postes périphériques.

On ne trouve guère de hauts fonctionnaires communistes ni d'officiers communistes de grade élevé ni de cadres dirigeants communistes dans les entreprises. Ce n'est pas une ségrégation *de jure* mais *de facto*. Elle n'en est pas moins importante.

Il faut poser la question clairement : les communistes sont-ils des Français à part entière? L'article 2 de la constitution de 1958 ne proclame-t-il pas « elle (la France, N.D.L.R.) assure l'égalité devant la loi de tous les citoyens sans distinction d'origine, de race ou de religion ».

* *** *

Examinons d'abord l'aspect « constitutionnel » de la vie de la « cellule ».

Les statuts du parti communiste français ont été adoptés en 1964, au XVIIe Congrès, et légèrement modifiés au XXe Congrès, en 1972.

Le chapitre V s'intitule « La structure du parti : article 14, le Parti est organisé en cellules, sections et fédérations. »

Les articles 15 et 19 sont consacrés à la cellule. C'est en Russie qu'apparurent les cellules, dans les usines, et cela avant la révolution soviétique de 1917.

La IIIe Internationale en recommanda la création dans tous les pays (IIIe Congrès de l'Internationale communiste, 1921). Jusqu'alors, le parti socialiste était organisé sur la base des communes en sections composées de tous les adhérents du parti résidant dans la ville ou le village. Il n'y avait pas d'organisation du parti socialiste dans les entreprises. Quant aux sections, souvent numériquement importantes, elles constituaient plus des centres de discussion, des sortes de clubs, que des organismes tournés vers l'action. De plus, elles ne facilitaient guère cette discussion du fait même du nombre élevé d'adhérents. Avant 1924, le parti communiste avait conservé les mêmes principes d'organisation que le parti socialiste. C'est à partir de 1924 que vont se constituer dans le P.C.F. des cellules d'entreprises, de villes et de villages. C'est après 1924 que s'opéra ce que l'on appelle « la bolchevisation du parti », caractérisée par la création de nombreuses cellules auxquelles tout adhérent devait appartenir selon son lieu de travail ou d'habitation.

L'article 15 des statuts précise : « *La cellule est la base de l'organisation du parti. Il existe des cellules d'entreprise, des cellules locales, des cellules rurales.* »

En réalité, les communistes doivent d'abord s'organiser dans leur entreprise, puisqu'on lit dans le même article 15 : « *Les communistes qui ne peuvent être membres de cellules d'entreprise s'organisent en cellules locales et rurales.* »

A la fin de l'année 1975, le P.C.F. comptait 23 178 cellules. Il y en avait 12 992 en octobre 1937, au plus fort de ses effectifs d'avant-guerre. En décembre 1946, c'est-à-dire dans la période la plus faste pour les communistes, celle qui suit la libération de la France et qui précède la guerre froide et l'exclusion des ministres communistes du gouvernement —, le nombre total des cellules s'élevait à 36 283, dont 8 363 cellules d'entreprises.

A la fin de 1975, la répartition était la suivante :

8 042 cellules d'entreprises (soit 34,7 %) [1] ;
5 457 cellules rurales ;
9 649 cellules locales [2].
Soit : 23 178.

L'Humanité du 4 juin 1976 annonce que dans les cinq premiers mois de l'année 1976, 782 cellules d'entreprises ont été créées.

La notion d'entreprise doit être précisée.

« *Les communistes travaillant à l'usine, à la mine, sur les chantiers, dans les établissements d'enseignement et de recherche, dans les administrations, les services publics, les magasins, les bureaux etc. s'organisent en cellules d'entreprise* » (Article 15 des statuts du P.C.F.).

Il s'agit donc, en réalité, du lieu de travail.

L'usine reste, néanmoins, le centre de l'activité des communistes. Les cellules y sont constituées par atelier, par équipe ou par chaîne.

L'importance des cellules d'entreprises s'est accrue depuis quelques années. Depuis janvier 1970, leur nombre a augmenté (de 5 050 à 8 042) alors que le nombre global de cellules est passé, dans la même période, de 19 250 à 23 178. La

---

1. A la fin 1972 : 5348 ; 1973 : 5680 ; 1974 : 6575.
2. Par « locales », il faut entendre des cellules situées dans des villes (par opposition aux campagnes).

proportion des cellules d'entreprises était, au début de 1972, de 25,5 % et, à la fin de 1975, de 34,7 %.

Le Comité central du P.C.F. suit attentivement l'activité des communistes dans les entreprises. Il existe un secteur « entreprises », place du Colonel-Fabien, placé sous la direction de Jean Colpin. Un journal pour les entreprises est édité à près de 2 millions d'exemplaires (sur grand format). *Action.*

Quarante-trois entreprises sont en liaison directe avec la direction du P.C.F. :

SIDÉRURGIE

Usinor :
Longwy (Meurthe-et-Moselle); Dunkerque (Nord).
Sacilor :
Grandrange (Moselle).
Soliner :
Fos (Bouches-du-Rhône).

AUTOMOBILE

Renault :
Boulogne-Billancourt (Hauts-de-Seine); Le Mans (Sarthe); Cléon (Seine-Maritime).
Peugeot :
Sochaux (Doubs); Mulhouse (Haut-Rhin).
Citroën :
Aulnay-sous-Bois (Seine-Saint-Denis).
Saviem :
Blainville (Calvados).
Chausson :
Gennevilliers (Hauts-de-Seine).
Berliet :
Venissieux (Rhône).

MÉTALLURGIE DE TRANSFORMATION

Alsthom :
Belfort.
Creusot-Loire :
Firminy (Loire); Le Creusot (Saône-et-Loire).
Merlin-Gérin :
Grenoble (Isère).

AVIATION

S.N.I.A.S. :
Toulouse (Haute-Garonne); Châtillon (Hauts-de-Seine).
Dassault :
Argenteuil (Val d'Oise).
S.N.E.C.M.A. :
Corbeil (Essonne).

CONSTRUCTIONS NAVALES

Chantiers de l'Atlantique :
Saint-Nazaire (Loire-Atlantique).

INFORMATIQUE

Bull :
Paris.

INDUSTRIES CHIMIQUES

Rhône-Poulenc :
Vitry (Val-de-Marne).
P.U.K. Pechiney-Ugine-Kuhlmann :
Ugine (Savoie).
Dunlop :
Montluçon (Allier).
Michelin :
Clermont-Ferrand (Puy-de-Dôme).

Roussel-Uclaf :
Romainville (Seine-Saint-Denis).

INDUSTRIES TEXTILES

La Lainière :
Roubaix (Nord).

HOUILLÈRES

Avion :
(Pas-de-Calais).

BATIMENT

Européenne d'entreprise :
Bobigny (Seine-Saint-Denis).

ARSENAUX

Toulon (Var).
S.N.C.F. :
Bordeaux-Saint-Jean (Gironde).
P.T.T. :
Paris-Nord; Paris-Chèques.
E.D.F. :
Chatou.
Commissariat à l'énergie atomique :
Saclay (Essonne).
Aéroport d'Orly :
(Val-de-Marne).
Imprimerie Lang :
(Paris).
Hôpital de Tours :
Indre-et-Loire).
Crédit Lyonnais :
(Paris).
Printemps :
(Paris).

Plus de la moitié de ces entreprises appartiennent aux secteurs de la sidérurgie et de la métallurgie lourde de transformation (Automobile, aviation).

Dans chaque entreprise importante, on compte de nombreuses cellules, 15 par exemple à Bordeaux-Saint-Jean (S.N.C.F.), 13 à la S.N.E.C.M.A. à Corbeil, etc.

Une cellule d'entreprise ne compte pas beaucoup d'adhérents. La décentralisation est poussée au maximum. A la S.N.E.C.M.A., par exemple, il y a 13 cellules pour 173 adhérents, soit environ 13 adhérents par cellule ; à Bordeaux-Saint-Jean, 15 cellules pour 300 adhérents, soit 20 adhérents par cellule.

*_**

Dans la plupart des cas, la liberté politique n'existe pas à l'intérieur des entreprises. Les réunions doivent avoir lieu en dehors de l'usine. Souvent, la propagande ne peut pas même se faire dans de bonnes conditions. Les tracts et les journaux ne peuvent être diffusés à l'intérieur des entreprises qu'avec des ruses de Sioux sur le sentier de la guerre, au risque et au péril des diffuseurs.

Il n'est déjà pas facile de faire rester les ouvriers et les employés après leur travail, car, dans les grandes villes, chacun a un long trajet pour rentrer chez lui et beaucoup de travail à faire encore à la maison. L'heure du repas est la plus commode, mais souvent on dispose de peu de temps et encore faut-il disposer d'une salle à proximité de l'entreprise, dans l'impossibilité de se réunir à l'intérieur.

Les cellules organisent des prises de parole à l'entrée ou à la sortie du travail. Elles éditent fréquemment leur propre journal ronéotypé. Parfois, il existe un journal imprimé pour l'ensemble de l'entreprise. Les horaires sont variables d'un atelier à l'autre, d'un bureau à l'autre, d'où des difficultés supplémentaires. Enfin, toutes les cellules diffusent *l'Humanité-Dimanche* et parfois, en fonction des événements. *L'Humanité* quotidienne, ou bien encore un ouvrage jugé important, tel que le compte rendu du XXIIe Congrès, *Un socialisme pour la France.*

A Salicor (Usine sidérurgique, située à Gandrange-Rombas, Moselle), le premier journal de cellule, *la Voix des aciéristes,* fut diffusé dans les vestiaires.

Le nombre des communistes par rapport à l'ensemble des salariés d'une entreprise est très variable. Il est, à Bordeaux-Saint-Jean, de 300 sur 4 000, mais à Renault (Flins) il est de 200 sur 20 000.

On trouvera en annexe le tableau [3] communiqué par le secteur entreprises du Comité central des effectifs du P.C. dans les entreprises de plus de 5 000 ouvriers — on fera deux remarques à ce sujet. Les chiffres donnés ne sont pas toujours récents. Ils datent pour certains de plus d'un an et d'autre part les entreprises de 5 000 ouvriers ne sont pas nécessairement celles où le P.C. est le plus puissant.

Il reste qu'il subsiste une grande inégalité pour un taux moyen de 2 % d'adhérents du P.C. par rapport au nombre de salariés de l'entreprise.

A Paris, on compte 1 800 membres du P.C. dans les P.T.T., 1 300 dans le livre, 1 200 à la S.N.C.F.,

---

3. Voir annexe p. 179. tableau publié dans la revue *Projet,* n° 106 juin 1976. K. Evin et R. Cayrol : *Les Partis dans les entreprises,* p. 640.

1 000 à la R.A.T.P., 800 dans les ministères, 500 dans les hôpitaux. On trouve des cellules d'entreprise aussi bien chez les grands couturiers Carven et Nina Ricci que dans les entreprises métallurgiques (une trentaine environ), qu'au Palais (avec une cellule d'avocats).

Il existe au total 1 434 cellules dans les établissements d'enseignement [4]. Dans de nombreux cas, en particulier dans l'enseignement primaire, une cellule est constituée pour plusieurs établissements proches l'un de l'autre. Le tiers de ces cellules se trouve dans l'enseignement primaire : sur le nombre des cellules d'établissement à la fin 1975 selon une statistique partielle portant sur 1 073 cellules, on en comptait 296 dans le primaire et 669 dans le secondaire et 108 dans le supérieur.

A Paris pour les 9 universités de la ville de Paris (y compris Vincennes) on compte 800 adhérents répartis dans 55 cellules. Dans l'ensemble, elles ne groupent que les enseignants et le personnel administratif et technique. Collégiens, lycéens, étudiants peuvent être membres du Parti mais ils sont, en règle générale, adhérents dans leurs cellules locales.

La vie des cellules d'entreprises pose de nombreux problèmes qu'on ne peut esquiver. Le plus important, c'est celui de la légalité de la cellule et de son activité. Répétons-le, c'est un problème politique et rien d'autre.

Interdire la politique à l'entreprise est une

____

4. A la fin 1973 il y avait 896 cellules dans les établissements d'enseignement et 1182 à la fin 1974.

illusion qui ne pourra résister à la force des choses. Comme tant d'autres depuis dix ans, cette barrière est appelée à tomber.

Ce n'est cependant pas le seul problème. Les rapports entre les syndicats et les organisations du P.C. constituent une difficulté d'un autre ordre.

On trouve un courant ancien dans le mouvement ouvrier et qui, à cette occasion, connaît quelque renouveau, c'est celui de l'anarcho-syndicalisme. L'entreprise constituerait la chasse gardée des syndicats et la politique devrait être exclue du champ d'action des luttes ouvrières et même salariales.

C'était là des idées très répandues à la fin du xixe siècle et au début du xxe, dans la C.G.T., et elles furent à l'origine de la charte d'Amiens de 1906, qui, non seulement, proclamait l'indépendance du syndicat par rapport aux partis politiques, mais considérait le syndicat comme devant se suffire à lui-même. Cette charte, dirigée dans une certaine mesure contre le parti socialiste de l'époque et son action réformiste, représentait un obstacle évident au développement de l'action politique à l'entreprise. Jusqu'en 1924, cela ne posa pas de problème puisqu'il n'y avait pas d'organisations politiques dans l'entreprise. Quand elles se constituèrent, avec les premières cellules d'entreprise du P.C., elles rencontrèrent une opposition très vive de la part de nombreux militants syndicaux. On peut penser qu'un tel état d'esprit subsiste aujourd'hui encore chez des syndicalistes pour qui le syndicat constitue une fin en soi, y compris au plan politique. C'est assez net, me semble-t-il, à l'intérieur de la C.F.D.T., mais on pourrait en trouver des exemples également dans la C.G.T., dans certaines régions ou dans certaines corporations. Certes, de nombreux militants communistes ont une activité, des responsabilités importantes dans la C.G.T. et certains dans la C.F.D.T. En principe, tous les membres des cellules du P.C., dans une entreprise donnée, sont syndiqués. Il reste alors à ne pas mélanger les genres, chose facile en théorie mais infiniment plus complexe dans la pratique.

La cellule d'entreprise entend apporter aux luttes revendicatives des moyens supplémentaires, une argumentation complémentaire et des perspectives politiques mais elle ne peut ni ne veut se substituer au syndicat et pas plus le diriger — c'est sur une autre longueur d'onde qu'elle est amenée à se placer.

En tant qu'il est un parti politique, le P.C. ne peut ni ne doit subordonner tel ou tel syndicat à son action politique. N'a-t-il pas eu parfois tendance à le faire dans le passé? C'est incontestable.

La neuvième condition d'adhésion à l'Internationale communiste déclarait :

« Tout parti désireux d'appartenir à l'Internationale communiste doit poursuivre une propagande persévérante et systématique au sein des syndicats, coopératives et autres organisations des masses ouvrières. Des noyaux communistes doivent être formés dont le travail opiniâtre et constant conquerra les syndicats au communisme. »

Et, pendant longtemps, les partis communistes considérèrent le syndicat comme une « courroie de transmission reliant le parti à la classe », pour reprendre l'expression forgée par Staline, en 1924, dans les *Principes du Léninisme* (Éditions de Moscou, p. 80, 1947).

Tout cela est bien loin, et ces idées ont été rejetées clairement par le P.C.F., mais il peut subsister ici et là quelques traces de cette conception des rapports entre parti et syndicat, aussi bien chez des communistes que chez des non-communistes. La ligne de démarcation entre les activités syndicales et l'activité politique n'est pas toujours bien nette, mais ce n'est pas en supprimant l'activité politique ou en la rejetant qu'on peut résoudre le problème.

L'activité des cellules communistes ne peut qu'être totalement indépendante de l'activité des organisations syndicales et respecter leur indépendance. Ce n'est pas là une question totalement nouvelle. Elle a pris simplement une acuité plus grande du fait de l'effort plus intense entrepris par les militants communistes pour développer les organisations communistes dans les entreprises.

Le patronat et le pouvoir tentent d'utiliser les difficultés réelles sur le terrain pour délimiter les champs de compétence et les sphères d'activité, afin de gêner la vie des cellules d'entreprise. Ils peuvent y arriver ici et là, mais je doute fort qu'ils y parviennent longtemps et dans de nombreux cas.

Il reste le problème posé par l'activité et l'organisation d'autres partis politiques dans l'entreprise.

Elles sont évidemment tout aussi légales que celles du parti communiste. Dans ce domaine, comme dans tous les autres, la liberté est indivisible. Il ne peut y avoir de situation de monopole pour qui que ce soit.

Dans les conditions de la France contemporaine, c'est par rapport aux organisations socialistes dans les entreprises que la question est posée. C'est le droit du parti communiste de ne pas considérer leur existence comme souhaitable et utile et, par conséquent, de ne rien faire pour la favoriser, d'où, par exemple, le refus du P.C. d'entreprendre des actions communes au niveau des entreprises et qui pourraient valoriser l'action des organisations socialistes et en faciliter l'implantation.

Le parti socialiste indique qu'il existe, au début de l'été 1976, 1 000 sections socialistes d'entreprise et il en espère 1 500 pour le milieu de 1977. De toute façon, il est limité dans ses efforts et donc dans ses résultats par sa composition sociale et les principes mêmes de son activité. Il a peu d'adhérents ouvriers et l'existence d'organisations du parti socialiste dans les entreprises lui pose en réalité de nombreux problèmes qui ne sont pas de la responsabilité du P.C. Ce n'est pas l'attitude du parti communiste, qui constitue l'obstacle principal au développement des sections d'entreprise socialiste.

La concurrence entre les deux partis alliés me semble tout à fait naturelle, l'essentiel étant qu'elle ne se transforme pas en pugilat au détriment de l'union de la gauche elle-même.

La vie des cellules locales est rendue souvent difficile en raison même de l'existence des cellules d'entreprise. Sont, en effet, membres des cellules les communistes qui ne sont pas membres des cellules d'entreprise. Il s'agit donc fréquemment de gens n'ayant pas d'activité salariée (retraités, ménagères) ou ne travaillant pas dans une entreprise qui possède une cellule (étudiants, commerçants, employés, etc.). Cependant, les membres des cellules d'entreprise peuvent, dit l'article 17 des statuts, « *apporter l'aide nécessaire à l'activité de la cellule locale ou rurale de son lieu d'habitation* ». La chose se fait inégalement, et la composition des cellules locales est parfois telle qu'elles manquent de dynamisme.

Les cellules locales doivent être distinguées des cellules rurales. Ce sont, en fait, des cellules urbaines. Leur rayonnement géographique est très différent selon les cas ; ici, par exemple, au centre de Paris, dans le VIe ou le VIIe, la cellule rayonne sur tout un quartier. Il y a peu de communistes ; là, dans la banlieue parisienne, à Ivry, par exemple, on trouve une cellule pour un immeuble H.L.M.

Quant aux cellules rurales, elles rayonnent sur un village (quand il est important et que les communistes y sont nombreux) ou sur un groupe de villages.

Pour plus de 30 000 communes rurales, on comptait 5 457 cellules, à la fin de 1975 ; 213 nouvelles cellules ont été créées, dans les cinq premiers mois de l'année 1976, soit environ une pour six villages. On trouvera en annexe [5] une étude particulièrement intéressante portant sur les cellules rurales du département de l'Hérault.

Les cellules urbaines et rurales comptent un plus grand nombre de communistes par cellule que n'en comptent les cellules d'entreprise.

*
* *

Il existe une très grande diversité dans la vie des cellules, en raison même des conditions de travail

5. Annexe n° 12, p. 201.

différentes des communistes, mais, en principe, toutes les cellules ont une activité qui repose sur des principes communs.

D'abord, les réunions de la cellule se tiennent régulièrement toutes les semaines ou tous les quinze jours, sans compter les réunions extraordinaires convoquées soit en raison de l'urgence d'une situation donnée, soit pour discuter d'un problème d'orientation politique.

Toutes les cellules doivent avoir un bureau qu'élit l'assemblée générale et un secrétaire élu dans les mêmes conditions.

Rapides dans le cas des cellules d'entreprise (souvent moins d'une heure), sauf pour les cellules d'enseignants, qui disposent de plus de temps, les réunions sont beaucoup plus longues dans les quartiers des villes et, dans une moindre mesure, dans les villages (environ 2 heures, en moyenne).

La cellule est un centre de discussion, d'information et de formation aussi bien que d'action. Il existe une très grande disparité dans la vie réelle des cellules. Les unes fonctionnent de façon convenable et les autres pas.

En outre, à l'intérieur de chaque cellule, le niveau culturel et politique offre une grande variété.

Nombreuses, trop nombreuses sans doute, sont les réunions qui consacrent la majeure partie de leur temps aux tâches matérielles, en premier lieu à la répartition des tâches : payement des cotisations, vente de *l'Humanité-Dimanche,* préparation de réunions élargies ou de meetings, de débats, etc.

On compare souvent, de l'extérieur, le P.C. à l'Église catholique, dont la réunion de cellule serait la messe. En vérité, cela est beaucoup plus simple. La réunion ne peut pas toujours se dérouler dans un local. Le P.C. n'en aurait pas assez et souvent ses locaux sont trop éloignés du lieu d'habitation des adhérents d'une cellule. La réunion se déroule donc chez un communiste qui reçoit ses camarades. L'information provient de sources écrites (lecture quotidienne de *l'Humanité,* de *France Nouvelle* ou de *l'Humanité-Dimanche*) ou orales (participation d'un membre du comité de section à la réunion de cellule).

Les discussions sont en général vives et profondes. Les communistes n'ont pas leur langue dans leur poche et ils ont pris l'habitude de dire ce qu'ils pensent avec énergie. Il arrive fréquemment que la politique de la direction soit contestée, plus souvent encore qu'on s'interroge sur telle ou telle démarche du Comité central.

La discussion dans la cellule est l'expression même de la démocratie interne du P.C. Il n'est sans doute pas suffisant qu'elle ait lieu à ce niveau, mais c'est nécessaire et cela est dans une large mesure. Elle est une source de formation et elle doit permettre à la cellule d'être une source d'action car celle-ci ne peut être entreprise que dans la mesure où les motivations existent, de façon assez forte, car toute l'activité des cellules repose sur le « bénévolat ». Elle provient uniquement du militantisme des communistes.

La cellule doit s'efforcer en même temps de ne pas fonctionner comme un organisme isolé par rapport à la vie de l'entreprise, du quartier, de l'H.L.M., du village. Le meeting traditionnel, avec un ou deux orateurs, subsiste encore dans certains cas de plus en plus rares. Il est remplacé par le débat souvent organisé à une échelle microscopique. Il peut s'adresser à tout le monde ou bien la participation peut être limitée à ceux que l'on appelle dans le jargon communiste (mais pas seulement) les *sympathisants*.

Les discussions politiques préparatoires avec les non-communistes peuvent avoir lieu à des moments les plus variés, à la cantine par exemple pour la cellule d'entreprise, au marché le dimanche matin pour la cellule urbaine, avec la vente de *l'Humanité-Dimanche*. Des communistes font « le porte à porte », comme les représentants de commerce.

Je ne me propose pas de décrire la vie d'une cellule, d'une façon idéale. Je veux simplement donner une idée de ce que cela peut être, avec ses imperfections, ses insuffisances, ses problèmes de toutes sortes, mais ce qui est important c'est de prendre conscience du rôle que joue la cellule et de la façon dont elle l'assume.

C'est un organisme permanent, qui ne fonctionne pas seulement au moment de la préparation des élections mais qui vit d'une façon régulière, en dehors de préoccupations uniquement ou même principalement électorales.

Elle ne s'occupe pas seulement des grands problèmes politiques, mais elle s'efforce de s'intéresser aux préoccupations de ceux qui travaillent ou vivent dans leur mouvance professionnelle ou géographique. Il est vrai que la prise en charge par les cellules des problèmes nouveaux posés par le développement technologique et industriel contemporain ainsi que par l'urbanisation très rapide depuis trente ans a été quelque peu tardive. Les communistes ont été, de par leur propre expérience historique, plus sensibles aux revendications quantitatives que qualitatives, la routine, le traintrain aidant et tout organisme historiquement constitué, toute institution — et la cellule en est une, de toute évidence — n'en est pas exempt. La question des rapports des hommes avec la nature (écologie, pollution, aménagement des espaces verts dans les villes, organisation des loisirs, etc.) commence à préoccuper les cellules, de même celle des rapports entre les hommes (rapports hiérarchiques dans l'entreprise, étudiants-enseignants à l'université ou professeurs-élèves dans les lycées et collèges, rapports entre les femmes et les hommes, entre les parents et les enfants) ainsi que celle de la culture (au sens large du terme).

Les exigences de l'actualité sont considérables et il peut exister — il existe probablement dans un grand nombre de cas — un décalage entre ce que dit le P.C. au niveau de sa direction et de sa presse et ce que pense et fait la cellule.

Récemment, une journaliste, Béatrix de l'Aulnoit, a eu l'idée de s'inscrire aux principaux partis politiques afin de les « tester »... comme une marque de lessive. Elle a publié le récit de ses « aventures » dans la revue *Cosmopolitan* (mars 1976).

Admise sans difficulté et très rapidement dans les rangs du P.C., elle est affectée à la cellule Feldmann du VIIe arrondissement (c'est la cellule de son domicile), qui se réunit le jeudi soir (chaque semaine), 15, rue du Bac, chez un membre du parti.

« Je me suis habillée pour la circonstance, un vieux pantalon, un col roulé noir, maquillage savon de Marseille, ce que je croyais être la panoplie militante. Naïveté. Mes camarades du P.C. étaient des filles ravissantes en veste mexicaine, virtuoses de l'ombre à paupière et connaissant leur credo mode jusqu'au bout des jeans. J'ai l'air d'une pomme. Première leçon, l'important ce n'est pas d'être ouvrier, mais de mener le combat des ouvriers... » Il y a au total 9 présents « chacun prend sa chaise et pendant deux heures on discute de la politique de la semaine, des défilés et des manifs qui ont lieu (t'as vu comme ils nous ont encore tapé dessus), des déclarations de Giscard (que des mensonges) et de celles de Marchais (toujours déformées, c'est une honte). Les discussions sont libres, on commente *l'Humanité*... »

Il s'agit là d'une cellule locale, située dans un arrondissement de Paris où l'influence du P.C. est très modeste (moins de 10% aux législatives de 1973).

Nombreuses sont les cellules qui éditent régulièrement un journal ronéotypé d'une ou de deux feuilles qu'elles distribuent autour d'elles, dans l'atelier ou dans le quartier. Certaines organisent des repas le dimanche, d'autres tirent même les rois, comme la cellule Feldmann du VIIe arrondissement, dont Béatrix d'Aulnoit nous conte l'histoire.

L'année est rythmée par une série d'activités. Janvier, c'est la reprise des cartes (en fait, elle commence en décembre et se termine en mars). Le premier mai, c'est la vente du muguet au profit de la cellule, et, en septembre, c'est la fête de l'Humanité, et toutes les semaines la vente de l'*Humanité-Dimanche*.

Entre-temps, il y a la fête locale ou régionale qui se déroule de mai jusqu'en août selon les régions...

Et puis, naturellement, toutes les activités politiques très variées que l'actualité impose.

Nombreux sont ceux qui, comme la journaliste de *Cosmopolitan* au moment de tester le P.C. (« moi, le mot cellule, ça m'a fait toujours penser aux barreaux d'une prison ») s'imaginent la vie de la cellule faite de secrets et de contraintes.

Mon propos n'étant pas de tenter de convaincre le lecteur d'adhérer au P.C., mais de l'informer de ce qu'il est, c'est-à-dire de le démythifier; je ne cacherai pas au lecteur que la vie d'une cellule n'est pas toujours exempte de déceptions et de routine.

L'important, c'est de savoir que c'est un organisme politique sans mystère. On adhère au P.C. librement et on y milite dans la mesure de ses moyens et de sa volonté. On le quitte quand on le souhaite. Ce n'est rien d'autre que l'organisation primaire (de base) d'un parti politique français, à la seule différence près qu'aucun autre parti politique français ne dispose d'autant d'organisations primaires (environ 24 000 en juin 1976).

IV

LE FONCTIONNEMENT DU P.C.

LES SECTIONS, LES FÉDÉRATIONS, LE COMITÉ CENTRAL

Une section est constituée par un certain nombre de cellules sur la base d'un quartier ou d'une commune, ou d'un groupe de communes ou d'une grande entreprise.

On comptait, à la fin de 1975, 2 637 sections, dont 124 d'entreprises, soit environ une section pour 11 cellules.

La conférence de section se réunit tous les ans (article 21 des statuts) *et elle est composée des délégués des cellules « proportionnellement au nombre d'adhérents »* (article 22 des statuts).

C'est la conférence de section qui élit le comité de section et la commission de contrôle financier. Le comité de section désigne à son tour le bureau et le secrétariat de section.

Le nombre d'adhérents par section est évidemment très variable — environ 200 par section, en moyenne, et chaque comité représente de 10 à 40 personnes.

Dans certains cas (entreprises et grands ensembles), où la constitution d'une section n'est pas possible « *un comité de parti peut être mis en place pour coordonner et diriger le travail des cellules sous la responsabilité de la direction de section »* (article 26 des statuts).

Le comité de section se réunit, en général, une dizaine de fois par an, alors que le bureau de section (de 4 à 15 personnes) et le secrétariat (de 2 à 5) se réunissent toutes les semaines. Les tâches sont réparties entre les membres des divers organismes de la section : organisation, propagande, diffusion de la presse, trésorerie, entreprises, problèmes des femmes, des jeunes, enseignement, éducation.

Depuis le XXe *Congrès, les comités de ville (ou d'arrondissement, là où il en existe) regroupent les différentes sections de la localité. Les comités tiennent des conférences composées de délégués désignés par les comités de section* (article 27 des statuts). *La conférence élit le comité de ville et « celui-ci élit son secrétaire, son secrétariat, son bureau »* (article 28 des statuts).

Ainsi tend à se constituer un organisme intermédiaire entre les sections et les organismes départementaux (les fédérations). Ces comités de ville ont une grande importance pour l'activité municipale du P.C. puisqu'ils facilitent l'étude des problèmes de la ville et l'action du P.C. à l'échelle urbaine.

L'ensemble des membres des comités de section et des comités de ville représente environ 40 000 communistes.

*
* *

Dans le cadre d'un département, les différentes sections constituent une fédération. Pour des raisons de commodité géographique, un département est divisé en deux fédérations (c'est la Meurthe-et-Moselle).

Il existe donc 98 fédérations.

L'organisation de la fédération est assez proche de celle de la section. La conférence fédérale se réunit au moins tous les deux ans. « *Elle comprend les délégués élus par les conférences de section proportionnellement au nombre d'adhérents* » (article 29 des statuts). Elle élit le comité fédéral, qui dirige l'activité du P.C. dans le département entre la tenue des conférences fédérales.

Le comité fédéral élit le bureau et le secrétariat fédéral. Le comité fédéral compte de 15 à 100 membres, selon l'importance des effectifs du parti, le bureau de 10 à 20, et le secrétariat 4 ou 5 personnes.

Nous constatons donc que l'organisation du P.C. est pyramidale.

La vie des fédérations est évidemment très différente selon les régions.

Certaines fédérations ont à peine 1 000 adhérents — c'est le cas de la Haute-Marne, du Haut-Rhin, de la Haute-Saône et des Deux-Sèvres, de la Lozère et du Cantal. D'autres, au contraire, dépassent les 20 000 adhérents, c'est le cas des fédérations de la région parisienne (Paris avec 25 000 adhérents, Seine-Saint-Denis, Hauts-de-Seine et Val-de-Marne) ainsi que de celle du Nord.

Le comité fédéral se réunit une dizaine de fois dans l'année, c'est une sorte de parlement. Le bureau et le secrétariat ont, au contraire, des réunions hebdomadaires. Cependant, comme toujours dans les organisations communistes, le parlement joue un rôle à la fois exécutif et législatif. Chaque membre du comité fédéral a une responsabilité précise, soit à l'échelle locale, soit à l'échelle départementale.

La circulation des idées se fait à la fois au plan vertical — de la cellule à la fédération — et au plan horizontal (entre les cellules d'une section ainsi qu'entre sections d'une fédération).
Il y a un débat qui ne se limite pas à la préparation des congrès nationaux du P.C. Ce débat touche aux grandes questions de l'actualité politique, aux problèmes de stratégie et de tactique et fréquemment à leurs références théoriques. Il n'est sans doute pas assez perçu de l'extérieur.

Nationalement, le Congrès du P.C. se réunit tous les trois ans et des congrès extraordinaires peuvent être tenus sur décision du Comité central ou sur demande de la majorité des fédérations (article 34). *Composé de délégués élus proportionnellement au nombre d'adhérents, le Congrès élit le Comité central, qui désigne à son tour le Bureau politique et le Secrétariat* (article 39).
Le Congrès élit également une Commission centrale de contrôle financier.
Le Comité central peut convoquer une conférence nationale du Parti quand il le juge nécessaire. Dans les dernières années, le parti communiste a convoqué en plus de ses congrès ordinaires, un congrès extraordinaire le XXIᵉ en 1974 et une conférence nationale en juillet 1972 pour ratifier le Programme commun.

> XIXᵉ Congrès, 4-8 février 1970;
> XXᵉ Congrès, 13-17 décembre 1972;
> XXIᵉ Congrès (extraordinaire), octobre 1974.
> XXIIᵉ Congrès, 4-8 février 1976;

*
* *

L'organisation du P.C. pose un certain nombre de problèmes que nous ne voulons pas esquiver et apporte un certain nombre de solutions qu'il convient d'examiner.

L'élection des directions se fait selon les modalités suivantes : « *A tous les échelons, les organisations du Parti ont le droit de proposer des candidats pour l'organisme dirigeant de l'échelon supérieur (l'assemblée de cellule pour le comité de section, la conférence de section pour le comité fédéral, la conférence fédérale pour le Comité central). Ces candidatures s'ajoutent à celles proposées par les directions sortantes : comité de section, comité fédéral, Comité central* » (Article 43 des statuts).

« *Toutes ces candidatures sont examinées par une commission élue à cet effet par la conférence de section, la conférence fédérale ou le Congrès national du parti. La commission des candidatures propose les candidats les plus aptes à assurer une bonne direction en nombre égal au nombre des membres du comité de section, du comité fédéral, du Comité central à élire. Elle rend compte des raisons de ce choix devant la conférence au congrès qui en discute. L'élection a lieu à bulletin secret. Tous les candidats obtenant plus de la moitié des suffrages exprimés sont proclamés élus* » (article 44 des statuts).

Pour être membre du Comité central, il faut être adhérent au Parti depuis au moins trois ans, de même que pour être secrétaire fédéral. La candidature du secrétaire fédéral (et de lui seulement) doit être ratifiée par le Comité central.

*
* *

Ces informations d'ordre constitutionnel une fois données, il convient d'approfondir les mécanismes de la vie intérieure du Parti. C'est ce que le P.C. appelle le *centralisme démocratique.*

Historiquement, le concept du centralisme démocratique remonte ainsi que l'expression elle-même au début du siècle.

Dès 1901, on en voit apparaître les prémices dans *Que faire?* un des premiers grands textes de Lénine mais c'est seulement dans un projet de résolution pour le Congrès d'unification du Parti ouvrier social-démocrate de Russie que Lénine, en 1906, utilise l'expression « centralisme démocratique » (*Œuvres complètes,* tome X, p. 166). Par rapport à la vie du parti social-démocrate, enfermé jusqu'alors dans les dures nécessités de la clandestinité totale, le centralisme démocratique représentait, du fait des conséquences de la Révolution de 1905, un progrès de caractère démocratique et le premier point de la résolution présentée par Lénine précisait que « le principe électif dans les organisations du Parti doit être appliqué de la base au sommet ».

La résolution approuvée par Lénine déclarait qu'il « restait à accomplir une tâche importante, sérieuse et extrêmement lourde de responsabilités : faire entrer effectivement dans la pratique les principes du centralisme démocratique dans l'organisation du Parti, obtenir par un travail acharné que les organisations de base deviennent, réellement et non en parole, les cellules fondamentales de l'organisation du Parti et que les instances supérieures soient effectivement électives, révocables et tenues de rendre compte de leur activité » (Tome X, p. 395). Le fondement du centralisme démocratique, c'est donc la démocratie à l'intérieur du Parti, liée indissolublement à la nécessité de l'action.

C'est ce que Lénine précise dans un autre texte de 1906 :

« Le principe du centralisme démocratique et de l'autonomie des organisations locales signifie la liberté de critique entièrement et partout tant qu'elle ne met pas obstacle à l'unité d'une action déterminée et l'inadmissibilité de toute critique déterminant ou gênant l'unité d'une action décidée par le Parti. »

En mars 1921, le Xe Congrès du P.C. soviétique décidait d'interdire les fractions à l'intérieur du Parti (Lénine, *Œuvres complètes,* t. XXXII, p. 254). Il est clair que l'application mécanique de cette décision et son extension dans tous les Partis membres de l'Internationale communiste ont eu des conséquences fâcheuses dans la vie des partis communistes jusqu'au milieu des années cinquante et plus encore dans l'histoire de l'Union soviétique. L'essor et le triomphe du phénomène stalinien en ont été facilités. Regardons cependant de plus près les décisions du Xe Congrès. Elles ont un aspect conjoncturel qu'il ne faut pas masquer. La guerre civile se termine et les événements de Cronstadt montrent le péril que court le jeune État soviétique. Il faut à tout prix renforcer l'unité du Parti, accroître la discipline. « Toute critique, dit Lénine, doit en outre tenir compte, quant à la forme de son intervention, de la situation du Parti entouré d'ennemis. » (Tome XXXII, p. 254).

L'interdiction des fractions était, dans le même

temps, dans le droit fil de la conception du Parti, développée par Lénine depuis *Que faire?* Elle était, au demeurant, assortie de considérations que le vent de l'histoire, c'est-à-dire le « stalinisme », a un peu trop vite balayées. Le Xe Congrès, en effet, insistait sur la nécessité de développer la démocratie interne du Parti, par exemple en « éditant de façon plus régulière le feuillet de discussion et les recueils spéciaux ». Des décisions du Xe Congrès l'histoire a plus retenu le centralisme que la démocratie. Il n'en demeure pas moins que les deux sont intimement liés. Trop de centralisme sans démocratie risque, en effet, de conduire à l'autoritarisme, à la bureaucratie, à la dictature. Une démocratie sans centralisme risque tout autant de conduire le Parti à l'inefficacité, à l'anarchie interne, à sa transformation en un club de discussion. Nous ne sommes pas dans la Russie d'avant la Révolution, où les conditions de la lutte étaient telles que le Parti devait être clandestin, ni dans celles de la guerre civile ou du début des années vingt, où les dangers étaient tels qu'il fallait développer le centralisme dans le Parti. Depuis l'adoption des nouveaux statuts, au XVIIe Congrès, en 1964 (avec une révision au XXe Congrès de 1972), le P.C. a fait des efforts considérables pour développer la démocratie interne. Ce n'est pas si simple que cela.

L'anticommunisme reste vivace et véhiculé par les media, la presse écrite et tous les appareils idéologiques dans des proportions encore très fortes. L'idéologie dominante malgré tous les changements récents reste celle de la bourgeoisie. Le P.C. ne développe pas son action dans un milieu aseptisé. Ajoutons que l'existence des fractions serait un élément de désintégration du P.C. Si l'on observe de plus près le parti socialiste, nous pouvons y constater l'existence de nombreuses fractions. Elles sont plutôt un élément d'attraction aujourd'hui. Uni derrière un leader à la stature désormais historique, François Mitterrand, le parti socialiste profite de sa diversité qui lui permet de prendre des voix à droite et à gauche. Tant qu'il est dans l'opposition et que François Mitterrand le dirige, la chose est finalement plutôt utile, mais, plus tard, lorsqu'il s'agira de gouverner, que se passera-t-il?

Nous savons que dans le passé la S.F.I.O. et le P.S.U. ont souffert de divisions internes qui les ont affaiblis, paralysés.

La difficulté, c'est de concilier les nécessités absolues de la démocratie interne avec celles d'une action politique cohérente dans la France contemporaine. Je reconnais volontiers que le sentier est étroit mais il existe. La préparation du XXIIe Congrès a fort bien illustré les dimensions du problème.

Il y a dans le P.C. un débat qui ne se limite pas à la préparation des congrès nationaux et qui touche aux grandes questions de l'actualité politique, aux problèmes de stratégie et de tactique et fréquemment à leurs références théoriques. Ce débat se mène à l'intérieur du P.C. Il est oral et interne, sauf dans la préparation des congrès nationaux. Il ne laisse pas de traces écrites et est ignoré du grand public. Celui-ci voit plutôt — et les différents moyens d'information l'y incitent dans une large mesure — l'unanimité du XXIIe Congrès que l'ampleur des discussions qui l'ont précédé. La tribune de discussion (dans *l'Humanité* et dans *France Nouvelle*) a permis d'avoir quelque idée de l'importance de la discussion de même que le compte rendu des conférences de section et des conférences fédérales publiées dans *l'Humanité* et même dans *le Monde* (du 20 janvier 1976, pour les conférences fédérales des Bouches-du-Rhône et de la Moselle).

Prenons le cas du congrès fédéral de la Gironde (*l'Humanité,* 27 janvier 1976). La discussion a duré 14 heures et a porté, en particulier, sur la suppression de la dictature du prolétariat. De nombreuses opinions différentes, voire opposées, se sont exprimées. Sur 338 délégués, 2 ont voté contre la suppression de la dictature du prolétariat et 12 se sont abstenus.

Sur les problèmes de l'immoralité, le congrès de la fédération de la Moselle rejeta le projet de document, après un long débat, par 101 voix contre 79 et 14 abstentions. Par contre, dans l'Isère, le texte initial fut maintenu par 175 voix contre 128 et 18 abstentions.

Le congrès fédéral de Paris examina quant à lui 1 615 amendements du projet de document adopté par le Comité central. Dans d'autres congrès fédéraux, par contre, les textes furent adoptés non sans débat mais à la quasi-unanimité. J'entends bien que le critère de la démocratie n'est pas seulement la diversité et l'opposition des points de vue, mais il l'est au premier chef pour la majorité des Français et on ne les empêchera pas de penser ainsi pour quelques générations encore. Cela repose sur une certaine expérience historique que la démarche générale du P.C. lui-même tend à valoriser. L'argument selon lequel il ne propose pas une organisation politique de la société dont il serait le modèle n'est pas sans valeur mais il est tout aussi vrai qu'une interprétation trop unilatérale du centralisme démocratique, qu'une application trop rigide de ces principes continue à faire peur et à écarter nombre de Français du pôle d'attraction que le P.C. continue à être.

Entre les fractions et les tendances qui se constituent sur un programme et l'échange d'opinions diverses et opposées sur des points précis, il y a une différence fondamentale. Dès lors qu'une fois la décision prise, tout le monde l'applique, les risques diminuent singulièrement. C'est ce qui s'est passé au cours de la préparation du XXIIe Congrès. Nous pouvons simplement nous demander de quelle façon le débat réel à l'intérieur du P.C. pourrait être mieux connu à l'extérieur afin que l'on ait au-dehors du P.C. l'image de ce qu'il est réellement.

Poser cette question, ce n'est pas à mon sens affaiblir la portée immense du XXIIe Congrès, c'est, au contraire, en raison même de sa portée, amener à une réflexion un peu plus profonde sur ce que doit être le centralisme démocratique dans la France contemporaine.

* * ** *

Le Comité central du P.C.F. se réunit une dizaine de fois dans l'année, chaque fois pendant deux jours entiers. Il tient donc séance une vingtaine de jours par an au total, ce qui est beaucoup. Il étudie la situation politique en général et, de temps à autre, une grande question française ou internationale. Les membres du Comité central ont également un rôle à la fois législatif et exécutif.

Un grand nombre de membres du Comité central

sont des secrétaires de fédération ou sont membres d'un secrétariat fédéral :

Les secrétaires des fédérations de la Région parisienne :

Henri FIZBIN	Paris
Jean GARCIA	Seine-Saint-Denis
François HILSUM	Yvelines
Guy POUSSY	Val-de-Marne
Robert MONTDARGENT	Val-d'Oise
Pierre SOTURA	Hauts-de-Seine
Robert LAKOTA	Essonne

Les secrétaires de fédérations de province :

Raymond DUMONT	Pas-de-Calais
Georges LAZZARINO	Bouches-du-Rhône
Jean MALVASIO	Seine-Maritime
Roger LECLERC	Loir-et-Cher
Jean CAPIEVIC	Rhône
Roland FAVARO	Meurthe-et-Moselle (Sud)
Auguste BRUNET	Lot-et-Garonne
Jean BARRIÈRE	Gironde
Charles CARESSA	Alpes-Maritimes
Robert BOULES	Haute-Garonne
Auguste BECHLER	Haut-Rhin
Arthur BUCHMANN	Moselle
Yves ROY	Aube
Paul ROCHAS	Isère
Maurice MARTIN	Aude
Louis LE ROUX	Finistère-Nord
Marcel GUINTARD	Vendée
Paul CHASTELLAIN	Hautes-Pyrénées
Guy FERNANDEZ	Yonne
Jean METZGER	Calvados

soit au total 27 secrétaires fédéraux.

Ou des membres des bureaux ou secrétariats de fédération.

Robert ALLIONE	Bouches-du-Rhône
Yvonne ALLEGRET	Drôme

Gisèle MOREAU	Paris
Michèle SAUREL	Aveyron
Arlette BOILEAU	Aube
Henriette POIRIER	Gironde
Claude LLABRES	Haute-Garonne
Jeanine JAMBU	Hauts-de-Seine
Paulette FOST	Seine-Saint-Denis
Georges VALBON	Seine-Saint-Denis
Annie HALBEHER	Hauts-de-Seine
Jacques HOFFMANN	Yvelines
Jean-Paul MAGNON	Rhône
Danielle DEMARCH	Var
Alain BOCQUET	Nord
Andrée LEFRÈRE	Paris
Jeanine PORTE	Bouches-du-Rhône
Annie PERRONNET	Nord
Albert DE BOSSCHÈRE	Nord
Hélène CONSTANS	Haute-Vienne
M.-C. VAILLANT-COUTURIER	Val-de-Marne
Marcel RIGOUT	Haute-Vienne
Pierre PRANCHÈRE	Corrèze

On trouve au total 50 membres (soit 40,7 %) du Comité central qui ont essentiellement des tâches au plan fédéral. Ils peuvent être membres d'une commission de travail au plan national ou aider une fédération dont le secrétaire n'est pas membre du Comité central.

13 membres du Comité central (y compris deux membres du Bureau politique : Georges Séguy et Henri Krazucki) ont essentiellement des responsabilités syndicales, soit 10,4 % [1].

8 membres du Comité central sont des enseignants ou des chercheurs en activité [2] mais ils ont des responsabilités nationales ou fédérales.

1. Édouard Amiable, Jean Dréan, Georges Frischmann, Pierre Gensous, Joseph Sanguedolce, René Leguen, Georges Lanoue, René Lomet, France Merlin, Louis Viannet, Michel Warcholak.
2. Guy Besse (C.N.R.S.), Paul Boccara (Maître-assistant, Économie politique, Amiens), Philippe Hertzog (Maître de conférence, Économie politique,

44 membres du Comité central (19 membres du Bureau politique et 25 membres du Comité central) ont leur tâche principale sur le plan national soit dans les sections de travail du Comité central soit dans des organismes divers (journaux, revues, éditions, centres de recherche [3]), c'est le cas également de 7 des 8 enseignants-chercheurs.

2 membres du Comité central sont à la direction des Jeunesses communistes, 1 à celle du Mouvement de la paix, 1 est secrétaire générale de l'Union des femmes françaises et 1 secrétaire général du Secours populaire [4].

Le Bureau politique et le Secrétariat jouent un rôle considérable dans l'activité du P.C. et c'est à la fois nécessaire et inévitable, ce qui n'empêche pas la direction du P.C. d'être collégiale.

Le Bureau politique se réunit toutes les semaines et publie dans *l'Humanité* un compte rendu assez bref de ses décisions. Quant au secrétariat, il tient séance au moins une fois par semaine mais peut se réunir plusieurs fois, en fonction des nécessités politiques.

La plupart des membres du Bureau politique et

Amiens), Félix Damette (Professeur agrégé de Géographie), François Hincker (Maître-assistant, Histoire moderne, Paris I), René Nozeran (Professeur Biologie, Orsay), Jacques Roux (Professeur, Médecine, Montpellier), Antoine Casanova (Assistant, Histoire ancienne, Besançon).

3. Louis Baillot, Jacques Denis, Colette Coulon, Georges Chirio, Paul Fromonteil, Georges Gosnat, Pierre Juquin, Jean Fabre, Henri Martin, Marcel Rosette, Georges Valbon, Marcel Trigou, Marcel Zaidner, Michel Duffour, Jean-Claude Lefort, Henri Rol-Tanguy, Yann Viens, Lucien Sève, Jean Burles.

4. René Andrieu et Francette Lazard (*l'Humanité*), François Billoux et Henri Malberg (*France-Nouvelle*), Robert Ballanger (groupe communiste à la Chambre des députés), Marie-Thérèse Goutman (groupe communiste au Sénat). J. M. Catala et Sylvie Ainardi à la Jeunesse communiste. Jacqueline Gelly est secrétaire de l'Union des femmes françaises, Julien Lauprêtre du Secours populaire de France.

du Secrétariat se rencontrent tous les jours dans les locaux de la place du Colonel-Fabien, soit dans les bureaux, soit pendant le repas de midi.

Depuis le XXIIe Congrès, l'organigramme de la direction du P.C. a été fixé de la façon suivante.

Le secrétaire général a la responsabilité générale de l'activité du P.C. Son rôle est donc considérable, même s'il s'exerce dans le cadre de la direction collective. Ce n'est pas seulement un rôle de représentation (Télé, radio, conférences de presse, meeting, relations avec les dirigeants des P.C. étrangers ou des mouvements de libération nationale, et avec les organisations françaises), encore qu'il soit important, mais c'est un véritable rôle de direction. Georges Marchais est à la tête de l'exécutif du P.C. Il dispose d'un secrétariat assez nombreux, dirigé par un membre du Comité central, Paul Fromonteil, qui a remplacé, après le XXe Congrès Charles Fiterman.

Avec Georges Marchais, on trouve six secrétaires du Comité central.

— Jean Colpin a la responsabilité de la section entreprises et celle du travail parmi les immigrés.

— Charles Fiterman est responsable de la section économique (où il est assisté de trois membres du Comité central : Jean Fabre, directeur de la revue *Économie et politique,* Paul Boccara et Philippe Hertzog, membres du Comité central et entouré de nombreux experts économiques. Il assure également les liaisons avec la section « régions » (responsable : Félix Damette) et la section « collectivités locales » (responsable : Marcel Rosette). Il représente le P.C. au Comité de liaison des partis de gauche.

— Paul Laurent est responsable de la section « organisation », qui s'occupe des problèmes essentiels de la vie du P.C. Il coordonne également les fédérations de la région parisienne.

— Roland Leroy est directeur de *l'Humanité* et de *l'Humanité-Dimanche* et coordonne l'activité des quotidiens de province. Il est assisté à *l'Humanité* par René Andrieu (rédacteur en chef) et Francette Lazard (rédacteur en chef adjoint).

— René Piquet est responsable de la section « propagande », qui concerne à la fois les formes de la propagande et les idées à développer.

— Gaston Plissonnier coordonne le travail du Bureau politique et du Secrétariat et est responsable de la section de montée des cadres (assisté par Marcel Zaidner).

En plus des responsabilités permanentes, chaque secrétaire se voit confier, en fonction des circonstances, des tâches particulières. Il dispose d'au moins une secrétaire technique et d'un ou plusieurs collaborateurs.

**

***

Les membres du Bureau politique ont également des tâches précises.

— Gustave Ansart est responsable de la liaison entre les groupes parlementaires et la direction du Parti, président de la commission de contrôle politique.

— Guy Besse, directeur du Centre d'études et de recherches marxistes, assisté de membres du Comité central, René Nozeran et Yann Viens, coordonne également les fédérations de la région Limousin.

— Mireille Bertrand est responsable de la section « santé-Sécurité sociale ».

— Jacques Chambaz est responsable de la section « intellectuels et culture » (assisté de Michel Duffour pour les problèmes d'enseignement, Jean Giard pour les I.T.C., Lucien Marest et Jack Ralite pour les problèmes culturels. Il coordonne le C.E.R.M. [5], et l'institut Maurice-Thorez.

— Étienne Fajon est responsable de la section « éducation » (assisté d'Henri Martin).

— Maxime Gremetz est responsable des relations avec les milieux et mouvements chrétiens et de la section « préparation des élections ».

— Guy Hermier est responsable de la section « jeunesse » et coordonne le travail d'édition et de diffusion du livre.

— Jean Kanapa est responsable de la section « politique extérieure ».

— André Lajoinie est responsable de la section « agriculture ».

— Claude Poperen est responsable de la liaison avec les fédérations.

— André Vieuguet dirige les *Cahiers du communisme*.

— Madeleine Vincent dirige la section « femmes ».

Parmi les autres responsabilités importantes, il faut signaler celle de trésorier, confiée à Georges Gosnat (qui s'occupe également du bureau de presse et des problèmes de l'information).

Louis Baillot est responsable des problèmes de l'armée ; Pierre Juquin d'une nouvelle section intitulée « le cadre de vie » ; Georges Valbon de la section « artisans-commerçants ».

François Billoux est directeur de l'hebdomadaire

---

5. C.E.R.M. : Centre d'études et de recherches marxistes.

du Comité central *France Nouvelle,* assisté d'Henri Malberg.

Jean Burles dirige l'institut Maurice-Thorez (dont le Président-délégué désigné pour la vie est Georges Cogniot). Antoine Casanova est rédacteur en chef de la *Pensée* et François Hincker de la *Nouvelle Critique* (dont le directeur est Francis Cohen). Maurice Perche est directeur de *l'École et la Nation* et Fernand Clavaud de *la Terre.*

Lucien Sève dirige les Éditions sociales et Madeleine Braun les Éditeurs français réunis. Christian Échard est le directeur du Centre de diffusion du livre et de la presse (C.D.L.P.).

Le grand bâtiment de verre et d'aluminium, dont les plans sont dus à l'architecte brésilien Niemayer, et qui s'élève place du Colonel-Fabien à Paris XIXe, a permis de regrouper toutes les sections du travail du Comité central et la rédaction de la plupart des revues.

Chaque fédération a son propre local de même qu'un certain nombre de sections, mais pas toutes, bien loin de là.

*
**

Il est difficile de nier pour qui aura lu cette étude sans préjugé le caractère profondément démocratique de la vie du P.C. Il est à la fois un parti comme les autres et en même temps il s'en distingue par une organisation très différente.

La cellule constitue un facteur décisif de vie démocratique. Aucun des grands partis politiques français ne peut être comparé sur ce terrain avec le P.C. 24 000 cellules, qui se réunissent régulièrement, où les discussions sont libres et animées!

Quant aux directions, elles reposent sur le principe électif. Le lien entre les adhérents et les dirigeants aux différents niveaux est étroit et quotidien. La direction est collective. Quel parti réunit 20 jours entiers par an son comité directeur comme le fait le Comité central du P.C.?

Il est sans doute possible et probablement nécessaire d'améliorer encore le fonctionnement démocratique du P.C. et de mieux le faire connaître.

L'image d'un P.C. stalinien monolithique avec un « appareil » composé de bureaucrates dangereux commence à s'estomper pour nombre de Français.

Il ne s'agit pas de nier ici que cette image, soigneusement entretenue par la propagande anticommuniste, continue à exister et qu'elle détourne du P.C. des adhérents possibles et surtout des électeurs.

Cette image ne correspond pas à la réalité. La vérité dans ce domaine comme dans tant d'autres finira bien par se frayer un chemin.

V

QUELQUES ACTIVITÉS DU P.C.

Parmi les activités du P.C., il en est deux qui revêtent une importance évidente; celle qui concerne la diffusion de sa politique (presse, propagande) et celle qui consiste à lui donner les moyens financiers sans lesquels il ne pourrait faire face à ses responsabilités. Il existe enfin une organisation indépendante du P.C. mais qui par sa nature joue un rôle essentiel, c'est le Mouvement de la jeunesse communiste. Parmi d'autres ce sont les problèmes posés par ces activités que je veux évoquer maintenant.

La presse communiste c'est d'abord *l'Humanité* quotidienne et *l'Humanité-Dimanche*.

La diffusion de *l'Humanité* a beaucoup baissé depuis la fin de la Seconde Guerre mondiale comme celle de tous les quotidiens et en particulier à partir de 1958. Cette baisse s'est arrêtée depuis 1972 et on enregistre une légère progression. La vente représentait en 1974, selon les chiffres contrôlés en 1975 par l'Office de justification de la diffusion (O.J.D.)

151 387 exemplaires (pour un tirage de 194 007). Ils sont légèrement supérieurs pour 1975 et 1976.

La vente sur Paris et 27 communes de la proche banlieue pour *l'Humanité* et les principaux quotidiens parisiens distribués par les N.M.P.P. [1] était en moyenne et à titre d'exemple pour la semaine du 10 au 15 mai 1976 la suivante :

Humanité	22 161
Figaro	90 337
Aurore	69 204
Quotidien de Paris	7 856
Libération	9 593
Rouge	3 053
France-Soir	202 579
Le Monde	112 962

Il ne semble pas que la diffusion de *l'Humanité* ait progressé dans des proportions semblables à l'accroissement des effectifs du P.C. Il y a donc un décalage qui subsiste et qui est en partie la conséquence des problèmes qui se posent à la presse en général.

Une étude [2] du C.E.S.P. [3] donne des indications intéressantes concernant les lecteurs de *l'Humanité*. Nous constatons qu'ils sont plus âgés que les communistes puisqu'on ne trouve seulement parmi eux que 16,6 % de jeunes de moins de 24 ans et par contre 31 % de personnes de plus de 50 ans. Le nombre d'ouvriers est moins élevé qu'il ne l'est chez les membres du P.C. (29,7 %). Par contre, le

---

1. Nouvelles Messageries de la presse parisienne, diffuseur des quotidiens dans les kiosques et chez les marchands de journaux.
2. Voir annexe p. 209.
3. C.E.S.P. = Centre d'études des supports de publicité.

nombre de cadres moyens et supérieurs est nettement plus important.

On touche là une des difficultés majeures des ouvriers en particulier dans la région parisienne où 55 % de la diffusion de *l'Humanité* est assurée, c'est l'intensité et la durée de leur travail qui laissent peu de loisirs pour lire d'autant plus que s'ajoutent à cela le temps et les conditions de transport. Quant à *l'Humanité-Dimanche,* elle a inauguré en février une nouvelle formule qui lui a permis d'augmenter quelque peu, mais pas de façon décisive, sa vente :

	Janvier 1976	Mai 1976
Tirage	403 000	420 000
Vente	370 000	390 000

Sa diffusion est assurée pour l'essentiel par les militants du P.C. dans la proportion de 84 % soit dans les entreprises en semaine, soit localement ou bien en semaine ou bien le dimanche.

Cependant, près de la moitié des 24 000 cellules du P.C. n'en assurent pas la vente.

L'augmentation de prix de vente de ces journaux a constitué également un frein sérieux à l'accroissement de leur diffusion.

Enfin, le grand patronat tente de boycotter la publicité consentie à *l'Humanité.* Celle-ci ne tire que 6 % de ses ressources de la publicité (contre 30 % à *l'Aurore* et 60 % au *Figaro*).

A *l'Humanité* il faut ajouter les quotidiens de province, *Liberté* (Nord-Pas-de-Calais), *l'Écho du Centre* (Limoges et la région), *la Marseillaise* (de Marseille), de nombreux hebdomadaires départementaux et des pages départementales de *l'Humanité-Dimanche.*

France Nouvelle est l'hebdomadaire politique du Comité central, tout à fait différent de *l'Humanité-Dimanche,* dont la forme s'apparente à celle d'un magazine mais non le contenu qui est politique.

La Terre est un hebdomadaire destiné aux milieux ruraux. En outre, le P.C. dispose de nombreuses revues destinées à des catégories professionnelles particulières ou à la recherche théorique, politique, littéraire et intellectuelle [4].

**

***

Dans la propagande du P.C., l'édition et la diffusion de journaux de cellule joue un rôle essentiel. Il faut y ajouter les débats aux thèmes variés, les meetings, les conférences, l'édition de tracts et d'affiches, la diffusion des livres. Cela est loin de compenser le matraquage politique et idéologique de la grande presse et des media. Pensons à l'influence de la moindre phrase d'un commentateur de journal télévisé ou d'un poste de radio. Or, les communistes n'ont accès qu'épisodiquement à la radio ou à la télévision, avec une interview d'un dirigeant de temps à autre ou bien un débat mais, en réalité, cela ne représente que peu de chose par rapport au temps d'antenne ou d'onde accordé au pouvoir.

Certes, la lutte d'idées est vive dans la France contemporaine et elle traverse tous les lieux où se transmet l'idéologie dominante. L'hégémonie nouvelle se constitue bien avant la conquête du pouvoir politique par les forces sociales unies autour de la classe ouvrière qui transformeront la société, mais il

---

4. Voir le chapitre « Le P.C., les intellectuels et l'idéologie », p. 145.

n'en demeure pas moins qu'on ne doit pas sous-estimer l'ampleur de la résistance opposée par les forces sociales conservatrices ; d'où l'importance pour le P.C. de la presse et de tous les moyens d'expression oraux et écrits qu'il peut utiliser pour développer sa politique.

Dans la dernière période, le P.C. a fait de réels efforts pour améliorer son style, la présentation des documents, son langage, mais cela n'est pas si facile pour des raisons qui tiennent à la fois aux habitudes acquises et à la nature même des problèmes qu'il doit résoudre.

Les finances du P.C. intriguent bien des Français en raison des rumeurs que l'on aime à faire courir à leur sujet du côté des media... Il n'y a cependant rien de mystérieux et ceux qui connaissent un peu les communistes français le savent bien puisqu'ils sont fréquemment sollicités pour verser leur obole. Les ressources importantes du P.C. proviennent de deux sources principales : les cotisations et les souscriptions.

Le parti communiste est le seul parti français à demander à ses adhérents une cotisation mensuelle sous forme d'un timbre que lui procure le trésorier de cellule.

Jusqu'en 1974, le prix du timbre mensuel était calculé en fonction des revenus, mais les membres du P.C. étaient divisés en plusieurs catégories 4 de 1945 à 1959, 6 de 1960 à 1965, 8 de 1970 à 1974.

C'est le XXIe Congrès, en 1974, qui a modifié considérablement l'assiette des cotisations qui, depuis, sont proportionnelles à partir de 500 F de revenus et par tranches de 500 F à 1 % du salaire et cela sans aucun plafonnement. Pour les revenus inférieurs à 500 F, une cotisation d'un franc est demandée.

Pour un salaire de 2 000 F, un adhérent du P.C. payera donc 20 F de cotisation mensuelle et pour un salaire de 10 000 F, une cotisation de 100 F. On trouvera en annexe le pourcentage par catégorie de prix, des timbres commandés par les fédérations au Comité central en 1975. On remarquera que 43,34 % des adhérents du P.C. gagnent moins de 1 000 F par mois et 87,39 % moins de 2 000 F[5].

Cette décision a amené une augmentation très importante des cotisations perçues (10 à 20 F par mois en une seule année, de 1974 à 1975, à Paris et de 4 à 5 F en province).

45 millions ont été ainsi versés en 1975 à la trésorerie du P.C., soit environ 95 F par adhérent et par an. Une partie des cotisations revient à la cellule, à la section, à la fédération.

Les souscriptions constituent la deuxième grande ressource du P.C. Elles sont devenues nombreuses. On peut même dire qu'elles sont permanentes. Le P.C. organise des souscriptions à l'occasion des élections ou pour soutenir *l'Humanité* ou bien un journal régional ou pour acheter un local. Il vend du muguet, le 1er mai, ou bien diffuse un ouvrage politique important, c'est *Changer de cap* en 1971 (le programme du P.C.), *le Programme commun* en 1972, le livre de Georges Marchais *le Défi démocratique* en 1973, *le Projet de charte des libertés* en 1975, *le Socialisme pour la France* en 1976. Chaque

____

5. Voir annexe, p. 208.

année, il diffuse la « vignette » de la fête de *l'Humanité* ou de la fête régionale. Le tout représentait pour une seule année, 1975, la somme de 40 millions.

Il existe également d'autres ressources. Les élus communistes à la Chambre des députés et au Sénat, les élus régionaux, cantonaux, municipaux ne perçoivent pas directement leur salaire. Députés et sénateurs ont signé une délégation au trésorier du Comité central et ne perçoivent qu'un salaire de « permanent » correspondant à celui d'un ouvrier très qualifié (P.3 de la métallurgie). Sur une indemnité parlementaire de 13 000 F environ (net et par mois), le député communiste ne perçoit qu'un salaire de 3 275 F en juin 1976. Il est vrai qu'il n'a pas de frais « professionnels » car ils sont assurés par le P.C. lui-même. Toutes ces indemnités représentent 20 millions de francs de bénéfices pour la trésorerie du P.C.

Les media font grand tapage à propos des entreprises « communistes » qui donneraient au P.C. des moyens financiers considérables. Deux thèmes sont ainsi développés : « l'or de Moscou » par le biais d'entreprises qui travailleraient avec l'U.R.S.S. et les pays socialistes européens, ou l'aide du capitalisme français au P.C. Il n'est qu'à lire les journaux communistes, à commencer par *l'Humanité,* pour constater que la publicité y est très nettement moins importante que dans les autres journaux. En réalité, le C.N.P.F. mobilise ses adhérents contre le P.C., par exemple en faisant circuler des documents violemment anticommunistes tel le « dossier 14 », qui, à la fin de 1975, donnait une analyse très anticommuniste de la vie du P.C.

Quant à « l'or de Moscou », l'histoire a fait justice de cette calomnie.

Les « entreprises » possédées par le P.C., sont celles qui lui permettent d'éditer, de diffuser des journaux et des livres, de recueillir un peu (trop peu) de publicité, de tenter d'améliorer ses possibilités d'études et de propagande.

Par exemple, chaque quotidien dispose de son imprimerie, c'est le cas de *l'Humanité,* de *Liberté* (Lille), de *la Marseillaise* (de Marseille), de *L'Écho du Centre* (Limoges). Des fédérations du P.C. disposent d'imprimeries, comme le Comité central lui-même ou des journaux régionaux hebdomadaires (*le Patriote* de Nice, par exemple).

L'agence centrale de publicité recueille la publicité et a créé une dizaine d'agences régionales. Les Éditions sociales éditent des ouvrages politiques, historiques et philosophiques. Elles publient des travaux de recherche. Le Centre de diffusion du livre et de la presse diffuse les ouvrages des Éditions sociales et de plusieurs autres maisons d'édition en exclusivité et tous les livres d'une façon plus générale. Tout cela n'a rien de mystérieux et est rigoureusement conforme à la loi.

Tout le reste n'est qu'affabulation ou interprétation politique d'un fait simple. Des communistes peuvent avoir des responsabilités et des titres de propriété dans des entreprises de droit privé, mais ce n'est pas cela qui fait vivre le P.C. ce ne sont pas pour autant des entreprises du P.C.

Le budget du P.C. est important, cela est vrai et naturel pour un parti politique qui groupe 500 000 adhérents et qui ne cache pas ses activités.

Les salaires des 860 permanents du Comité central et des fédérations représentent un budget de

35 millions de francs. Il faut compter autant pour les dépenses administratives (téléphone, courrier, voitures, locaux, électricité, etc.). Le dernier tiers des dépenses est absorbé par la propagande (Affiches, réunions, etc.).

Chaque cellule a son trésorier, comme chaque section, cela fait 24 000 trésoriers de cellule et 2 400 trésoriers de section. Il s'agit donc d'un effort financier de masse qui met le P.C. à l'abri de la corruption politique.

Il est indépendant du point de vue financier de toute influence étrangère ou nationale, capitaliste ou socialiste.

****

Le Mouvement de la jeunesse communiste occupe une place à part — et d'importance. Il est indépendant du P.C. dans le sens où il élit sa direction et décide de ses propres actions, mais naturellement son orientation politique proprement dite est liée à celle du P.C. Dans le cas contraire il existerait un conflit entre les « Jeunesses et le P.C. », ce qui n'est théoriquement pas impensable et cela s'est vu voilà près de quinze ans, à l'occasion de la crise de l'Union des étudiants communistes mais les conditions n'en existent nullement à l'heure actuelle, bien au contraire.

Le Mouvement de la jeunesse communiste est divisé en deux branches, la Jeunesse communiste et l'Union des étudiants communistes. Les lycéens sont membres de la Jeunesse communiste.

Le P.C. aide les organisations du Mouvement de la jeunesse communiste à se créer et à se développer. Il existe au Bureau politique un responsable des problèmes de la jeunesse (c'est Guy Hermier), et on en trouve également dans les différentes directions fédérales et souvent dans les bureaux de section.

Le Mouvement de la jeunesse communiste (M.J.C.) s'est fixé l'objectif de 100 000 adhérents et il en compte près de 90 000 à la fin juin 1976. Ses activités sont très diversifiées, politiques et culturelles. Il a organisé, au printemps 1976, une vingtaine de festivals régionaux et, à Ivry, au début de juin 1976, une grande fête de caractère national qui a connu un très grand succès. Son conseil national a proposé récemment de présenter ses propres candidats sur les listes du parti communiste pour les élections municipales ou parmi les candidats présentés par le P.C. sur les listes d'union de la gauche.

La Jeunesse communiste a son propre journal, *l'Avant-Garde,* et l'Union des étudiants communistes également, *le Nouveau clarté.*

Les progrès du M.J.C. sont considérables depuis quelques années. Ils contribuent ainsi d'une façon capitale au rajeunissement et au changement du P.C., dans des proportions qui ne sont pas toujours bien perçues, y compris par nombre de communistes. La prise en compte d'une façon originale par le M.J.C. des aspirations de la jeune génération et avec les formes qui lui sont propres — Lénine disait déjà que les fils viendront au socialisme par d'autres voies que leurs pères — lui permet, dans une mesure qui n'est pas négligeable, de répondre aux besoins de la génération du Programme commun.

Tout cela peut surprendre et surprend parfois les moins jeunes, mais finalement la jeunesse joue un tel rôle dans notre société et se heurte à tant de difficultés qu'elle constitue un enjeu pour l'avenir plus important encore que ce ne fut le cas dans le passé.

*****

Il n'est évidemment pas possible de décrire par le menu toutes les activités du P.C. et de ses différentes organisations. Il en est cependant une qui prend chaque année une ampleur plus grande, c'est la fête de l'Humanité[6]. Pendant deux jours et demi, elle offre comme un microcosme des activités nationales et de la vie du P.C., tout en étant vraiment « la fête » au sens le plus profond du terme. Les activités culturelles y sont nombreuses et multiples.

*****

Dynamique, moderne et efficace, le P.C. vit en symbiose avec la société française dont il est le produit naturel. En même temps, par ses propres activités, il tend à la modifier. Ni micro-société, ni contre-société, il appartient au contraire corps et âme à la société dont il est issu.

---

6. Catherine Claude : *la Fête de l'Humanité*, Éditeurs français réunis. 1976.

VI

LA COMPOSITION DU P.C.

La composition du parti communiste n'a pas donné lieu à une analyse sociologique d'ensemble depuis 1966. Il y a donc dix ans de cela et bien de l'eau a coulé sous les ponts de la Seine depuis cette date, mais on dispose de données partielles, d'enquêtes départementales, d'analyses de la composition de conférences de section ou de conférences fédérales qui permettent de suivre l'évolution du P.C. depuis dix ans.

En premier lieu, nous constatons un accroissement sérieux du nombre d'adhérents en même temps qu'un rajeunissement considérable.

Examinons de plus près les chiffres, d'après la seule source possible, c'est-à-dire d'après les renseignements fournis par le P.C. lui-même. Méthodologiquement, scientifiquement, il n'est pas possible, quels que soient les sentiments personnels de l'auteur, de tenir cette source comme parfaitement assurée. Il n'en existe pas vraiment d'autres — peut-être des rapports de police, que le chercheur n'a pas à sa disposition, mais leur valeur ne peut être très grande, ou bien des indications très minces et très dispersées fournies ici et là, à l'occasion de telle ou telle activité du P.C.

Une telle observation est valable pour tous les partis politiques et je suis tout à fait conscient de la fragilité de l'étude quantitative pour un non-communiste qui n'a pas les mêmes raisons de croire à la bonne foi des dirigeants communistes.

Aussi bien, la tendance me semble-t-elle aussi importante que la relation des chiffres dans un absolu difficile à prouver d'une façon totalement scientifique.

Nous disposions jusqu'à maintenant de chiffres qui, pour la période d'après-guerre, représentent le nombre de cartes délivrées, c'est-à-dire envoyées par le Comité central aux fédérations. Ces chiffres ne donnent pas le nombre réel d'adhérents du P.C. car toutes les cartes ne sont pas placées.

La section d'organisation du P.C.F. m'a communiqué les chiffres de cartes placées de 1961 à nos jours :

	Cartes placées	Cartes délivrées
1921	109 391	
1930	30 000	
1934	40 000	
1937	328 647	
1945	544 989	
1946	800 229	
1947		907 785
1956		429 653
1961	300 000	407 000
1964	300 000	407 000
1966	350 000	425 800
1969	380 000	454 640

1972	390 000	456 640
1973	410 000	471 000
1974	450 000	500 900
1975	491 000	556 170

Nous avons là des indications précieuses qui permettent, en effet, de comparer le rapport entre les cartes placées et les cartes délivrées.

Nous observons que le rapport entre les cartes placées et délivrées tend, à l'heure actuelle, à se réduire [1].

Très important dans les années 50 et, dans une mesure moindre, dans les années 60, il diminue au cours des années 70. De 25 % en 1961, il passe à 16,5 % en 1969, à 14,1 % en 1972 et à 11,3 % en 1975.

Comparons maintenant ces chiffres à ceux des adhésions :

1967	....	43 000
1968	....	55 000
1969	....	40 000
1972	....	48 000
1973	....	62 000
1974	....	85 000
1975	....	93 780

1. Annie Kriegel (*les Communistes français,* 1970, p. 300) calcule le nombre d'adhérents en utilisant un article publié par Jeannette Thorez-Vermeersch dans *l'Humanité* du 28 novembre 1961 et selon laquelle le nombre de femmes était, à l'époque, de 49 490. Or, au XVe Congrès, en 1959, Marcel Servin, alors secrétaire à l'organisation du P.C.F., a déclaré que les femmes représentaient 21,9 % des effectifs du P.C. Annie Kriegel a donc appliqué une règle de trois

$$\frac{49\,490 \times 100}{21,9} = 225\,985 \text{ adhérents.}$$

Elle étend ce calcul très au-delà de la période 1959-1961, c'est-à-dire jusqu'en 1970.

L'argument est bien mince, si l'on tient compte qu'il ne s'appuie que sur le seul chiffre donné par Jeannette Thorez-Vermeersch dans un article de journal et qui n'a jamais été repris nulle part et à aucun moment.

Selon sa méthode, le nombre d'adhérents du P.C. aurait été, en 1970, de 275 000 (pour 459 600 cartes délivrées par le Comité central aux fédérations).

A la fin de juillet 1976, le P.C. enregistrait déjà plus de 70 000 adhésions, soit autant que pour l'année 1973. On est loin du « déclin historique » annoncé par le président de la République lors d'une conférence de presse aux États-Unis.

En quatre ans et demi, le P.C. a fait 358 000 adhésions. Cela pose le problème de ce qu'Annie Kriegel appelle le « parti-passoire ». En effet, le nombre d'adhésions est légèrement inférieur aux effectifs du P.C. au début 1972.

Théoriquement, il y aurait donc eu un renouvellement presque total des effectifs, ce qui n'est pas exact.

Chaque année, le P.C. perd un nombre relativement important d'adhérents. D'après les indications fournies par des responsables de la section « organisation » du P.C., on peut estimer à environ 10 % la perte annuelle d'adhérents. Certaines fédérations annoncent même des pertes plus sensibles encore, par exemple, pour les Bouches-du-Rhône, en 1975, on annonce le chiffre de 12 %.

Elle serait donc de :

37 500	1972 (par rapport à 1971)		
39 000	1973	—	1972
41 000	1974	—	1973
45 000	1975	—	1974
49 000	1976	—	1975
211 500	pour les cinq dernières années.		

Si l'on prend les effectifs du P.C. en 1971 (soit 375 000) et que l'on ajoute les adhésions faites de 1972 à juin 1976 (358 000), nous arrivons à 733 000.

Il ne reste plus qu'à déduire les pertes en

adhérents calculées sur la base de 10 %, nous arrivons aux chiffres suivants

$$733\,000 - 211\,500 = 521\,500$$

ce qui correspond à peu près aux effectifs réels du P.C. à la fin du mois de juin 1976 (environ 500 000).

La perte annuelle d'adhérents est due à des raisons nombreuses d'ordre structurel aussi bien que conjoncturel. Elle concerne d'abord les nouveaux adhérents. Nombre d'entre eux adhèrent au P.C. au cours des manifestations très nombreuses qu'organise le P.C. (fêtes, débats, meetings, etc.). Ils sont répartis dans les cellules qui correspondent à leurs origines professionnelles ou géographiques. La vie de ces cellules ne correspond pas toujours à ce qu'ils en attendaient. Ils assistent à quelques réunions et quittent ensuite le P.C. discrètement, sur la pointe des pieds. Le P.C. ne fait pas assez d'efforts pour les intéresser, pour rendre leurs motivations plus profondes. Le fonctionnement des cellules n'est pas toujours satisfaisant.

Conserver un nouvel adhérent est aussi difficile, sinon plus, que de le faire adhérer. C'est là une difficulté qui n'est pas propre au P.C. mais que toute organisation politique connaît. Plus le nombre de nouveaux adhérents est élevé et plus important encore est le phénomène de « passoire ».

A certaines époques, des raisons politiques peuvent amener une extension de ce phénomène. Ce fut le cas en 1956, et les années suivantes, après le XXe Congrès et les événements de Hongrie, ou bien encore en 1969-1971, après les événements de Tchécoslovaquie. Ce n'est pas vrai à l'heure actuelle. La perte annuelle de 10 % est-elle réductible? Dans certaines proportions, certainement. Une vie plus active et plus intéressante de nombre de cellules, un effort plus grand de militants avertis auprès des jeunes adhérents permettraient de ramener le taux de perte jusqu'à 7 % et même un peu moins.

Les causes structurelles sont nombreuses. Il faut d'abord tenir compte des décès. Ensuite, il arrive que des adhérents du P.C. changent de travail ou de domicile. Il n'en faut pas plus pour qu'ils ne reprennent pas leur carte, l'année suivante. Sans doute est-ce parce que leurs motivations manquent de profondeur, mais, en réalité, cela n'est pas anormal, si l'on veut bien penser que le P.C. n'est pas une secte mais précisément un parti de masse. Il suffit que l'environnement soit plus difficile (une entreprise où la répression est plus forte, un quartier où les communistes sont moins influents, une cellule moins vivante et moins active) pour qu'un communiste devienne un non-communiste. La barrière n'est pas si difficile à franchir dans la France contemporaine qu'il n'y paraît dans un sens comme dans l'autre. Les anciens adhérents constituent le Parti le plus nombreux de France. La plupart continuent à voter communiste et sont d'une certaine façon des propagandistes du P.C. Un certain nombre adhèrent à d'autres formations politiques soit à des groupes gauchistes, soit au parti socialiste où l'on trouve à la direction quelques anciens membres du P.C. (Jean Poperen, Jean Pronteau), soit au P.S.U. (Victor Leduc); quelques-uns très rares deviennent des adversaires fanatiques du P.C. envers lequel ils ont fréquemment l'état d'esprit du « prêtre défroqué ».

Il reste que depuis 1972 le nombre d'adhésions s'est accru de près du double et que le nombre des adhérents a connu un progrès sérieux. Quand bien même cela ne se traduit-il pas encore sur le plan électoral, cela n'en est pas moins significatif de la santé du P.C. et cela d'autant plus que les possibilités d'accroissement des effectifs sont considérables.

***

La répartition géographique des adhérents du P.C. est extrêmement inégale.

Nous pouvons en avoir une première idée grâce à ce tableau qui donne les effectifs région par région et par ordre d'importance.

Au 1er juillet 1976

Franche-Comté	6 000
Champagne	9 000
Poitou-Charente	10 000
Pays de Loire	11 000
Bourgogne	12 000
Auvergne	13 000
Normandie (2)	13 000
Bretagne	14 000
Limousin	15 000
Alsace-Lorraine	17 000
Centre	18 500
Midi-Pyrénées	22 000
Languedoc	26 500
Aquitaine	28 000
Rhône-Alpes	42 000
Provence-Côte d'Azur	50 000
Picardie-Nord	59 000
Région parisienne	128 500
	493 500

(Tableau communiqué par la section d'organisation du P.C.F.)

Quatre régions (Région parisienne, Nord-Picardie, Provence-Côte d'Azur, Rhône-Alpes) représentent 57% du nombre total d'adhérents.

A elle seule, la région parisienne compte 28% des effectifs [2]. Sept fédérations, dont quatre de la région parisienne comptent plus de 10 000 adhérents. Cinq en ont plus de 20 000.

	Adhérents (environ)
Paris	25 000
Seine-Saint-Denis	22 500
Hauts-de-Seine	22 000
Val-de-Marne	21 000
Nord	20 000
Bouches-du-Rhône	19 500
Pas-de-Calais	13 000

Ces sept fédérations représentent 143 000 adhérents, soit 29% du total.

La composition sociale du P.C. est plus difficile à étudier dans le détail, faute d'une étude sociologique globale qui n'a pas été faite depuis 1966.

Nous disposons pour la connaître de quelques données sûres mais qui portent sur les délégués aux conférences fédérales (pour le XXIe Congrès de 1974 et pour le XXIIe Congrès de 1976) ou à des études plus limitées, c'est-à-dire départementales [3]

---

2. Ce qui est inférieur au pourcentage de 1937 (35 %) mais très supérieur à celui de 1946 (18 %).

En chiffre absolu, les chiffres de la région parisienne s'élevaient en 1937 à 115 367 et en 1946 à 147 488.

3. Jean-Paul Molinari, *Cahiers du communisme*, 1976, n° 1, « Contribution à la sociologie du P.C.F. », p. 38-49. Jacques Derville, *Revue française de science politique*, vol. XXV, n° 1, février 1975, « Les communistes de l'Isère ». François Platone et Françoise Subileau, *ibid.*, vol. XXV, n° 5, octobre 1975, « Les militants communistes ».

et qui portent sur les délégués aux conférences de section. Naturellement, la composition socio-professionnelle des conférences fédérales (ou de sections) est proche de celle du P.C. Nombre de délégués n'ont pas de responsabilités ou des responsabilités modestes, mais enfin ce n'est que l'image un peu déformée du P.C.

L'étude de Jean-Paul Molinari porte sur plus de 20 000 délégués à 96 conférences fédérales sur 97.

La répartition socio-professionnelle de ces délégués est la suivante :

Catégories socio-professionnelles [1]	%	% sans les retraités [2]
Ouvriers	32,2	34,9
Employés	19,6	21,3
I.T.C.	9,1	9,8
Travailleurs salariés de l'Industrie et du Commerce	**60,9**	66,0
Enseignants	16,3	17,7
Travailleurs salariés	**77,2**	83,7
Paysans	3,3	3,5
Artisans, commerçants	2,5	2,7
Professions libérales	1,3	1,4
Actifs	**84,3**	
Ménagères	3,8	3,1
Lycéens-étudiants	4,3	4,6
Retraités	7,6	
Toutes C.S.P. [3] réunies	**100,0**	100,0

1. Molinari, *op. cit.*, p. 41.

2. Cette distribution suppose que les retraités se répartissent également dans chaque C.S.P. si on considère leur activité antérieure. Or, il est probable que si l'on considérait leur activité antérieure réelle, les pourcentages de travailleurs salariés, et en particulier d'ouvriers, seraient en hausse sensible par rapport aux pourcentages de cette colonne.

3. Catégories socio-professionnelles.

Un grand nombre des délégués ouvriers sont des métallos; viennent ensuite les ouvriers du bâtiment, de la sidérurgie, de la chimie, des mines, des textiles, du bois, etc.

Complétons ce tableau avec quelques données régionales.

Dans l'Isère, nous trouvons 58,5% des délégués qui sont des ouvriers, 18,4% sont des enseignants et étudiants, 7% des ingénieurs et techniciens.

A Paris, par contre, mais cela tient à la composition sociale de la population parisienne, la distribution des militants est la suivante par catégories socio-professionnelles :

Patrons de l'industrie et du commerce	2%
Professions libérales et cadres supérieurs	16%
dont professions libérales ... 1	
professeurs ... 10	
ingénieurs ... 3	
cadres administratifs supérieurs ... 2	
Cadres moyens	25%
dont instituteurs ... 6	
services médicaux et sociaux ... 2	
techniciens ... 9	
cadres administratifs moyens ... 8	
Employés	21%
dont employés de bureau ... 20	
employés de commerce ... 1	
Ouvriers	16%
dont contremaîtres ... 1	
ouvriers qualifiés ... 12	
ouvriers spécialisés ... 2	
manœuvres ... 1	
Personnel de service	1%
Divers (artistes, clergé)	1%

Inactifs .... 11 %
    dont étudiants et élèves 8
        retraités 2
        femmes sans profession 1

(Effectif total : (3593)
(Source : François Platone et Françoise Subileau, « Les militants communistes à Paris » *Revue française de science politique*, vol. XXV, N° 5, octobre 1975, p. 843.)

Si nous comparons ces chiffres avec les résultats de l'enquête de 1966, nous observons que le nombre d'ouvriers paraît en diminution sensible, ce qui n'est pas forcément exact[4]. L'enquête de 1966 classe les retraités dans leurs catégories d'origine et les ménagères dans la catégorie socio-professionnelle de leur mari.

Du point de vue de l'étude du milieu social des communistes, cette façon de présenter les statistiques n'est pas fausse. Il resterait alors à analyser d'une façon plus fine les résultats de l'enquête de Jean-Paul Molinari sur les délégués aux conférences fédérales préparatoires au XXIIe Congrès. Les ménagères représentent 3,8 % et les retraités 7,6 % de l'ensemble des catégories socio-professionnelles, si l'on reporte les pourcentages généraux sur ceux des non actifs (11,4 % : ménagères plus retraités), on peut ajouter au moins 3,5 % au nombre d'ouvriers

---

4. Ouvriers : 60.1 % dont   %
      Secteur privé 43,4
      Services publics 18,5
      Agriculture 3,2
  Employés : 18,57 % dont
      Secteur privé 8,12
      Secteur public 10,45
Exploitants agricoles 6,56
Intellectuels : 9 % dont
      Enseignants, chercheurs 7,85
      Ingénieurs, techniciens 1,93
Commerçants, artisans 5,77

(et pour les retraités le chiffre est certainement plus élevé) soit :

$32,2\% + 3,5\% = 35,7\%$ de délégués d'origine ouvrière.

Le parti communiste est un parti ouvrier et l'on peut même avancer qu'il est le seul parti politique français à composition réellement ouvrière, et nous le verrons à direction réellement ouvrière. Cela ne signifie pas que d'autres partis politiques n'ont pas un électorat ouvrier, c'est là un tout autre problème.

Les salariés sont également très nombreux, non seulement les employés, mais également les I.T.C. (Ingénieurs, techniciens, cadres) et le pourcentage d'I.T.C. est en augmentation très sensible.

Les enseignants sont sur-représentés avec $16,3\%$ des délégués. Parti d'ouvriers et de salariés, le P.C. est également devenu un grand parti d'enseignants; les différences avec l'enquête de 1966 sont là très importantes ($4,85\%$ d'enseignants, chercheurs) comme dans le cas des I.T.C. ($1,93\%$). Si l'on ajoute les lycéens, étudiants ($4,3\%$), nous arrivons au total de :

	%
Enseignants	16,3
Étudiants, chercheurs	4,3
I.T.C.	9,1
Total	29,7

Ces chiffres sont confirmés par les enquêtes régionales. A Paris, par exemple, l'étude des délégués aux conférences de section préparant le

XXIe Congrès (de 1974) laisse apparaître les pourcentages suivants :

	% pour l'enseignement
Professeurs	10
Étudiants, élèves	8
Instituteurs	6
Soit	24

	%
Ingénieurs	3
Techniciens	9
	12

Au total : 36 %

	%
Cadres administratifs supérieurs	2
Professions libérales	1
Cadres administratifs moyens	8
Services médicaux et sociaux	2
	13

49 % (36 % + 13 %) des délégués aux conférences de section de Paris appartiennent donc à un milieu social non ouvrier et ont une activité de nature intellectuelle et souvent de direction au niveau supérieur ou moyen. Certes, le phénomène est accentué à Paris, qui est de moins en moins une

ville ouvrière, mais c'est un phénomène de caractère national.

Fortement enraciné dans la classe ouvrière [5], le P.C. s'implante dans les couches sociales en expansion (I.T.C.) liées aux formes les plus modernes de la production et dans les couches intellectuelles.

Quant aux paysans, dont le nombre ne cesse de décroître depuis vingt-cinq ans dans la population active, ils ne représentent plus que $3,3\%$ des 20 000 délégués aux 96 conférences fédérales. Le nombre de cellules rurales (plus de 5 500) ne donne qu'une idée très approximative du pourcentage de paysans membres du P.C., car, dans ces cellules, il n'y a pas que des exploitants agricoles; mais on y trouve des instituteurs, des artisans, des commerçants, des employés, etc. C'est tellement vrai que 16% des délégués sont adhérents dans une cellule rurale.

Le nombre de commerçants et d'artisans est également faible puisqu'il n'atteint que $2,5\%$ du total des délégués aux conférences fédérales.

Malgré des progrès réels, le nombre de femmes membres du P.C. continue à être très inférieur à celui des hommes.

D'après l'enquête de 1966, il y avait $25,5\%$ de femmes dans le P.C. On trouve parmi les 20 467 délégués aux conférences fédérales préparatoires au XXIe Congrès, 5 557 femmes, soit $27,2\%$ de femmes contre $72,8\%$ d'hommes.

Sur les 3 593 délégués aux conférences de section

5. Jacques Derville, *op. cit.*, « Les communistes de l'Isère », p. 57-58.

de Paris, on compte 69 % d'hommes et 31 % de femmes (2 466 hommes et 1 127 femmes). On assiste à une féminisation relative des effectifs du P.C.

A Paris, les femmes représentaient 27 % des adhérents d'avant 1968 et 32 % de ceux qui ont adhéré entre 1968 et février 1973. Cet accroissement du nombre des femmes dans le P.C. peut se vérifier grâce au tableau suivant [6] :

	Hommes (%)	Femmes (%)	Ensemble (%)
Avant 1958	19	16	18
1958 à avril 1968 .	26	20	24
Mai 1968 à juin 1972	28	27	28
Juil. 1972 à fév. 1973	8	10	8
Depuis mars 1973 .	18	27	21
Effectif total	(2 466)	(1 127)	(3 593)

Au demeurant, les femmes sont plus jeunes que les hommes. 51 % des femmes ont moins de 30 ans contre 44 % des hommes ; 25 % ont plus de 40 ans contre 27 % des hommes.

Cette féminisation est donc récente et elle reste encore très insuffisante si l'on tient compte du nombre de femmes dans la population en général (plus de la moitié). Le P.C. subit les conséquences des raisons qui en général écartent les femmes de l'activité politique. Elles sont d'ordre économique et social aussi bien que culturel. Du fait de ses tâches familiales, qu'elle ait une activité salariée ou non, la femme dispose de moins de temps que l'homme. Plus que toute autre, c'est là la raison majeure qui empêche les femmes d'avoir une activité politique dans des proportions semblables à celles des

---

6. Platone-Subileau, *op. cit.*, p. 841.

hommes — et c'est vrai pour le P.C. plus encore que pour les autres partis, du fait de son recrutement plus populaire. Les femmes membres du P.C. ont moins de possibilités d'aide (employée de maison, femme de ménage). Elles ont une activité salariée dans des proportions plus fortes que l'ensemble des femmes tout en ayant les mêmes responsabilités familiales. La notion de « temps disponible pour une activité politique » m'apparaît tout à fait essentielle; c'est parce qu'ils disposent d'un temps relativement élevé que les enseignants ou les étudiants, par exemple, jouent dans la vie politique, y compris dans celle du P.C., un rôle tout à fait disproportionné par rapport à leur nombre réel, même si celui-ci a grandi. A cela s'ajoutent, dans le cas des intellectuels, les éléments culturels qui leur facilitent l'accès à la vie politique.

****

Le rajeunissement tout autant et peut-être plus que sa féminisation est une des caractéristiques actuelles du P.C. Cela correspond au mouvement des effectifs que nous avons observé.

La distribution par âge était la suivante pour les 20 000 délégués aux conférences fédérales préparatoires au XXIᵉ Congrès :

	%
Moins de 20 ans	5,2 [7]
21-30 ans	36,6
31-40 ans	26,8
41-50 ans	18,1
Plus de 50 ans	13,3

41,8 % des délégués ont moins de 30 ans; 31,4 % plus de 40 ans; 68,6 % ont moins de 40 ans.

7. Jean-Paul Molinari, *op. cit.*, p. 48.

Certaines données sur les conférences fédérales préparatoires au XXIIe Congrès montrent l'importance des nouveaux adhérents dans la vie du P.C.

A la conférence fédérale de Seine-et-Marne, sur 250 délégués, 104 étaient adhérents depuis 1972 et 120 avaient moins de 30 ans. A celle de l'Essonne, sur 359 délégués, 214 avaient adhéré depuis 1968 dont 117 depuis 1972.

A celle du Val-d'Oise, 63,6 % des délégués avaient adhéré au P.C. après 1968.

Dans la Vienne, sur 256 délégués, 138 étaient adhérents depuis 1968 et ensuite. Dans la Gironde, sur 336 délégués, 113 avaient adhéré entre 1968 et 1972, 83 entre 1973 et 1975.

Ainsi 60 % (et sans doute plus) des membres du P.C. ont adhéré entre 1968 et 1976 et le tiers depuis 1972, c'est-à-dire depuis la signature du Programme commun de la gauche.

Le mouvement souligné dans l'étude de François Platone et Françoise Subileau pour « les conférences de section de Paris » et dans celle de Jacques Derville sur « les communistes de l'Isère [8] » semble donc s'être accéléré depuis trois ans environ.

Les fédérations du P.C. commencent à étudier les principales caractéristiques des nouveaux adhérents.

A Paris, l'étude a porté pour l'année 1975 sur 5 883 adhérents. Elle donne les résultats suivants :

> 23,7 % ouvriers du secteur privé.
> 19,5 % employés du secteur privé.
> 12,2 % salariés des services publics.
> 17 % intellectuels.
> 50 % de moins de 25 ans.
> 30 % de femmes.

---

8. Voir, par exemple, Jacques Derville, *op. cit.*, p. 56.

Dans le Pas-de-Calais, sur 1 289 adhérents nouveaux, on trouve 49 % d'ouvriers, 38,2 % de moins de vingt-cinq ans et 33,5 % de femmes [9].

Ensuite, on trouve 23,4 % de ménagères dont un certain nombre est certainement d'origine ouvrière. Or le nombre d'adhésions de ménagères s'accroît nettement. Sur les 9,2 % de retraités et sur les 3 % de chômeurs, il est probable que l'on a également un grand nombre d'ouvriers.

D'autres études plus récentes portent sur les adhésions faites dans les fêtes fédérales de 1976. Le lieu même où ces adhésions ont été faites explique la grande jeunesse des nouveaux adhérents. On trouvera en annexe [10] quelques études portant sur les Bouches-du-Rhône, le Nord, la Haute-Vienne et la Seine-Maritime.

De ces diverses indications, on peut penser que le rajeunissement et la féminisation du P.C. s'accélèrent.

En même temps tout en conservant son caractère ouvrier, il s'ouvre toujours plus aux couches moyennes salariées (I.T.C., enseignants, employés, etc.).

Il s'agit donc d'une mutation importante et qui s'accentue depuis 1972.

9. Annexes n° 11. p. 199.
10. Annexes n° 13. p. 203.

VII

MILITANTS, DIRIGEANTS
ET PERMANENTS

La direction du P.C., c'est d'abord le Comité central. Nous avons vu son fonctionnement ; mais, les hommes, qui sont-ils ? La plupart ont été élus à cette responsabilité depuis peu — six ans et moins — 66 sur 121 d'entre eux sont, en effet, membres du Comité central depuis 1970, soit 55 %. Il ne reste plus que 3 dirigeants d'avant-guerre, Raymond Guyot, François Billoux et Étienne Fajon ; 3 de l'immédiat après-guerre, Aragon, Georges Frischmann et Marie-Claude Vaillant-Couturier : 12 au total d'avant le XXe Congrès du P.C.U.S. (les mêmes, plus Georges Ansart, Georges Séguy, Madeleine Vincent, Jean Burles, Georges Gosnat et Joseph Sangueldoce). 18 seulement ont été élus à ce poste sous la IVe République et avant-guerre, soit environ 15 % d'entre eux.

45 ont été élus membres du Comité central depuis la signature du Programme commun (soit 37 % d'entre eux) ; 29 sont nés après 1936.

23 d'entre eux sont des femmes soit 19 % du total. Leur nombre a plus que doublé par rapport à 1970 [1]. Il est encore inférieur non seulement à celui

---

1. 1970 : 10 sur 107 soit 9,3 %.
   1972 : 16 sur 118 soit 14   %.
   1976 : 23 sur 121 soit 19   %.

des femmes dans la population, mais également à celui des femmes dans le P.C. lui-même.

***

Le tableau suivant rend compte de la composition sociale du Comité central et de la commission centrale de Contrôle financier.

	XXe Congrès	XXIIe Congrès
Ouvriers	59	57
Ouvrier agricole .	—	1
Employés	25	27
Paysans	5	5
Techniciens	2	4
Cadre	1	—
Ingénieurs	2	2
Économistes	3	3
Enseignants	15	19
Éducateur	—	1
Écrivain	1	1
Photographe	1	1
Artisan	1	1
Journalistes	3	3
	118	125[2]

Tout en n'atteignant pas la majorité, les ouvriers continuent à être le groupe prépondérant dans le Comité central. Le nombre des employés et des enseignants (ce dernier très sur-représenté) est également élevé.

2. Les chiffres publiés portent sur 125 membres du Comité central et non pas 126 (avec la Commission centrale de contrôle financier).

Par contre, celui des paysans n'est pas considérable ni celui des I.T.C.

Ces différentes caractéristiques se retrouvent au niveau des délégués aux congrès nationaux du P.C.

Empruntons à Colette Ysmal [3] le tableau suivant qui montre la composition du XXIIe Congrès du P.C.F., et celle du Congrès socialiste de Grenoble (1973).

	P.C. (%)	P.S. (%)	Popul. franç. [4] (%)
Exploitants agricoles ...	3,4	1,4	12
Industriels, commerçants	0,9	3,5	9
Professions libérales	1,5	8,6	
Cadres supérieurs	1,6	18,7	6
Professeurs	6,9	18,8	
Cadres moyens	8,1	20,3	
Instituteurs	4,9	6,1	17
Employés	21,7	7,8	
Ouvriers	44,3	3,2	21
Étudiants	2,0	7,8	
Retraités, ménagères, autres	3,0	3,8	24

On constatera deux faits essentiels grâce à l'étude comparative des quatre derniers Congrès c'est l'accroissement de la participation féminine et

3. Colette Ysmal, *Projet*, n° 106, juin 1976, p. 656. Les données pour le Congrès de Grenoble ont été établies par Roland Cayrol, « Les militants du Parti socialiste, Contribution à une sociologie », *Projet*, n° 88, septembre-octobre 1974.

4. On trouvera en annexe les tableaux statistiques donnés par Claude Poperen dans son rapport sur la composition du XXIIe Congrès. Annexe 2, p. 180.

l'augmentation considérable du nombre des délégués des cellules d'entreprise. Le nombre de femmes passe entre 1970 et 1976 de 21,7 % à 31,1 % et celui des délégués membres de cellules d'entreprise de 468 à 903.

*

Le P.C. est dirigé d'abord par des ouvriers, puis par des employés et des enseignants, aux 4/5 par des hommes pour la plupart entre 35 et 60 ans et dont la majorité appartient au Comité central depuis 6 ans au plus.

C'est le seul parti politique dans lequel les ouvriers jouent un rôle décisif dans la direction politique. L'examen de la composition du Bureau politique et du Secrétariat confirme, avec un certain nombre de nuances, ces différentes remarques.

Nous trouvons, en effet, sur 21 membres du Bureau politique :

9 ouvriers : Georges Marchais, Roland Leroy, Charles Fiterman, Georges Séguy, Henri Krazucki, Gustave Ansart, Maxime Gremetz, Claude Poperen, René Piquet.

2 employés : Jean Colpin, Madeleine Vincent.

6 enseignants dont 2 instituteurs : Étienne Fajon, André Vieuguet.

et 4 professeurs : Guy Besse, Jacques Chambaz, Jean Kanapa, Guy Hermier.

2 paysans : Gaston Plissonnier, André Lajoinie.

1 agent technique : Paul Laurent.

1 aide-chimiste : Mireille Bertrand.

Là encore, la sur-représentation des enseignants est importante, alors que les employés sont sous-représentés. Par contre, comme dans toutes les institutions sociales et politiques françaises, le nombre de femmes diminue avec l'importance des responsabilités. On ne trouve que deux femmes au Bureau politique sur 21 personnes, c'est-à-dire 10 % du total (contre 19 % au niveau du Comité central).

****

L'âge moyen des membres du Bureau politique est, en 1976, de 50 ans, mais on y trouve plusieurs générations. Il reste un des « pères fondateurs » du P.C., Étienne Fajon, et quelques jeunes, mais qui ont quand même 35 ans (Maxime Gremetz).

Étienne Fajon reste le seul membre encore en fonction des bureaux politiques élus au Xe Congrès (en 1945), au XIe (1947), XIIe (1950) et XIIIe Congrès (1954). 3 membres du Bureau politique (outre Fajon, Ansart et Séguy) y siègent depuis 1956, 4 (les mêmes plus Georges Marchais), depuis 1959, et 5 (les mêmes plus Paul Laurent) depuis 1961.

Depuis 1970, on trouve 10 nouveaux élus, soit 47,5 % des membres du Bureau politique. Il y a donc eu un renouvellement rapide de l'équipe dirigeante du P.C. et cette caractéristique se trouve accentuée par la mort de Jacques Duclos et de Benoît Frachon en 1975 et par le départ du Bureau politique entre 1972 et 1976, de Raymond Guyot, de François Billoux et de Georges Frischmann.

La génération de la Résistance reste cependant fortement représentée. Georges Séguy et Madeleine Vincent ont été déportés en Allemagne; Roland Leroy, Gaston Plissonnier, André Vieuguet, Guy Besse, Henri Krazucki ont été des résistants actifs. La génération de la guerre froide et de la lutte contre les guerres coloniales compte également de nombreux représentants, c'est le cas de Georges Marchais, de René Piquet, de Claude Poperen, qui sont des militants ouvriers de l'après-guerre, ou de Paul Laurent, qui passa huit mois en prison en 1952, à la suite du complot des pigeons et de sa lutte contre la guerre d'Indochine à la tête de l'U.J.R.F. [5], ou d'intellectuels tels que J. Kanapa et J. Chambaz. Quant à la génération de la Ve République et de mai 1968, elle est représentée par Guy Hermier, Maxime Gremetz, Charles Fiterman et Mireille Bertrand.

Il y a donc à la fois association de générations très différentes, une certaine stabilité et un processus de renouvellement relativement important. Nous sommes fort éloignés de la gérontocratie qui domine dans nombre de partis communistes étrangers [6].

Cette analyse de la direction du P.C. est muette sur un point, me dira-t-on — et d'importance puisqu'elle classe nombre de dirigeants du P.C. dans la catégorie « ouvriers », alors qu'ils ne le sont plus depuis longtemps. Je n'entends pas esquiver cette objection et d'autant moins, me semble-t-il, qu'elle pose un problème réel. « Permanent » depuis 25 ou 30 ans, un cadre communiste responsable devient un véritable intellectuel. Il a acquis une véritable culture, manie des dossiers, lit énormément, discute avec des gens de tous les horizons et de tous les

5. L'Union de la jeunesse républicaine de France, créée par le parti communiste, en 1945, et qui se transforma en Jeunesse communiste.
6. C'est le cas du parti communiste de l'U.R.S.S. La moyenne d'âge des membres titulaires du Bureau politique est de 65 ans. La direction du parti communiste chinois est également très âgée.

niveaux culturels, voyage, observe, élargit son horizon, modifie son comportement. Le P.C. est, sous cet angle, un extraordinaire moyen de promotion sociale et culturelle, fonction qu'il est bien le seul à remplir dans la France contemporaine parmi toutes les formations politiques existantes.

Le bilan des Écoles centrales pour 1974-1975 est le suivant : deux écoles de quatre mois et onze écoles d'un mois, auxquelles il faut ajouter trois stages de militants ouvriers de quinze jours, un stage paysan et un stage de femmes paysannes, deux stages de perfectionnement.

Au total, cela représente 695 personnes dont 24 % de femme (166) et 32,75 % d'ouvriers. En 1974, 603 personnes avaient participé aux écoles centrales. Les 2/3 à peu près des élèves viennent de province.

On peut donc voir l'importance de l'effort d'éducation du P.C. A cela s'ajoutent les écoles élémentaires qui donnent, chaque année, des éléments de formation à des milliers de militants communistes. 65 % des communistes présents aux conférences de section qui préparent le XXIe Congrès avaient suivi une école élémentaire, 23 % une école fédérale, 10 % une école d'un mois, 2 % l'école centrale de quatre mois. Chaque type d'école est adapté à son public et aide les adhérents et les militants dans leur effort de connaissance et de réflexion.

Néanmoins si le permanent s'est transformé par rapport à ce qu'il était, il n'en demeure pas moins profondément marqué par ses origines et fortement lié au monde ouvrier dont il est issu et auquel tant de liens personnels et publics l'attachent encore.

Les mécanismes de formation et de sélection sont rigoureusement différents de ceux de l'establishment français. Je ne veux pas ici attenter à l'honorabilité de tous ceux qui, sortis de l'E.N.A., des E.N.S., des grandes écoles scientifiques, des universités, jouent un rôle politique important dans les partis de gauche, et ils sont également nombreux au parti communiste. Les uns et les autres jouent un rôle souvent utile. Ils peuvent être efficaces et dévoués, honnêtes et courageux, mais disons-le nettement, la gauche ne peut et ne doit pas venir au pouvoir pour perpétuer le système de gouvernement qui a dominé dans les temps passés. On ne peut se satisfaire de la dichotomie entre gouvernants et gouvernés et la considérer comme éternelle.

Dans ses notes sur Machiavel, Gramsci faisait observer « le premier élément, c'est qu'il existe réellement des gouvernés et des gouvernants. Toute la science et l'art politique se fondent sur ce fait primordial, irréductible (dans certaines considérations générales) »... mais ajoutait-il « Dans la formation des dirigeants, ce qui est fondamental c'est le point de départ. Veut-on qu'il y ait toujours des gouvernés et des gouvernants, ou bien veut-on créer les conditions qui permettront que disparaisse la nécessité de cette division? C'est-à-dire part-on du principe de la division perpétuelle du genre humain ou bien ne voit-on dans cette division qu'un fait historique répondant à certaines conditions [7]? »

Promouvoir quelques dizaines de milliers d'ouvriers à des postes de responsabilité politique ne suffit sans doute pas à résoudre ce problème mais c'est quand même une condition décisive pour la démocratisation de la vie politique.

---

7. Gramsci, *Œuvres choisies*, éditions sociales, p. 447.

Regardons de plus près la composition sociale des organismes directeurs du parti socialiste.

Sur 132 membres du Comité directeur du P.S., on compte 43 enseignants, 4 médecins, 5 avocats, 7 journalistes, 7 énarques, de nombreux hauts fonctionnaires et des cadres supérieurs commerciaux, mais seulement 2 (ou 3) métallurgistes, 3 employés des P.T.T. mais pas un cheminot, pas un ouvrier de l'E.D.F., pas un mineur, pas un ouvrier de l'imprimerie, ni du textile, ni des produits chimiques ni du bâtiment, etc.

Répétons-le, la chose n'est pas scandaleuse. La question n'est pas là. Le P.S. a un électorat ouvrier, c'est incontestable mais il n'est pas un parti ouvrier, dans le sens où les ouvriers ne jouent qu'un rôle extrêmement secondaire dans la vie du Parti, de ses organismes dirigeants, dans son groupe parlementaire et ses élus en général. De ce point de vue, il ne se distingue pas des autres partis politiques français. Il ne s'agit pas de « faire de l'ouvriérisme », c'est-à-dire de vouloir privilégier les ouvriers aux dépens des autres catégories sociales, mais il importe de leur donner leur place, toute leur place et rien que leur place dans la direction politique du pays.

C'est le droit de chacun de critiquer le P.C.F., de refuser le Programme commun ou de l'accepter en votant pour les autres partis signataires de ce programme, mais on ne peut ignorer la réalité française qui fait du P.C. un grand parti ouvrier.

****

Les comités fédéraux élus dans la préparation du XXIᵉ Congrès présentent des caractéristiques semblables à celles du Comité central.

Les 97 comités fédéraux comptent 4 162 membres. On compte 837 femmes (soit 20,11 % au lieu de 17,22 % en 1973).

La composition sociale en est la suivante :

	%
1 624 ouvriers	38,99
804 employés	19,31
411 I.T.C.	9,87
209 paysans	5,02
810 enseignants	19,46

Il semble d'après les premières études faites, que le pourcentage d'ouvriers et de femmes ait légèrement augmenté dans les comités fédéraux élus en 1975-1976 dans la préparation du XXIIe Congrès, 1699 ouvriers (75 de plus qu'en 1974 soit 39,55 %), 902 femmes (65 de plus qu'en 1975 soit 21 %).

Dans les comités fédéraux élus en 1974, on trouvait :

	%
499 moins de 25 ans	11,98
907 moins de 30 ans	21,80
Soit	33,78

1 450 membres des comités fédéraux, soit 34,9 %, avaient adhéré au P.C. après mai 1968.

***

La plupart des membres des comités fédéraux, des comités de section, des bureaux de cellule militent pour le P.C. en dehors de leurs heures de travail, en plus, en quelque sorte, de leur activité professionnelle. Ils le font bénévolement parce qu'ils pensent que c'est nécessaire. Personne ne les y oblige, sinon leur conscience et l'idée qu'ils se font de la vie et de leur devoir. A tous, cela pose des problèmes réels parce que le temps est mesuré à chacun, d'où l'avantage incontestable des enseignants et des étudiants qui, malgré les servitudes de leur métier, disposent de plus de temps libre que n'importe quelle autre catégorie socio-professionnelle. Le temps que passent les communistes à militer est pris sur d'autres activités, sur leurs loisirs comme sur leur vie de famille. Il y a eu, dans le passé, — et il y a encore probablement — des exagérations dans ce domaine. Elles tiennent à la nature même de l'activité militante, à l'engagement qu'elle représente, au caractère de certains militants et à leurs passions.

Il faut simplement comprendre que le P.C. n'est pas une secte groupant quelques milliers de preux chevaliers combattant pour la justice et la vérité. Cette conception a pu sembler dominer dans le passé, en particulier en raison de la répression qui frappait les communistes et les contraignait soit à être clandestins, soit à craindre de le devenir. Ces circonstances et sans doute l'influence du « stalinisme » contribuèrent à donner au P.C. ce visage à la fois fascinant et redoutable qui fut, dans une certaine mesure, pendant longtemps, le sien et qui l'est encore quelque peu dans la conscience de nombreux Français : c'était une sorte d'Église laïque dans laquelle on entrait difficilement et d'où l'on ne pouvait sortir qu'au prix d'une rupture dramatique.

Les temps ont changé et le P.C. également à la fois dans sa doctrine et dans sa pratique.

*
**

Si la plupart des communistes et même des responsables exercent leurs activités en dehors de leur temps de travail, un certain nombre d'entre eux sont permanents, c'est-à-dire qu'ils sont rétribués par le P.C. et travaillent pour lui à temps plein. Il y a plusieurs catégories de permanents. On trouve des collaborateurs techniques — par exemple, des secrétaires-dactylos. Il y a les permanents politiques qui travaillent au Comité central ou dans divers organismes qui dépendent directement de lui (Éditions, journaux, etc.). Les « élus », c'est-à-dire ceux qui, présentés par le P.C., dans les élections législatives ou municipales ou cantonales remplissent un mandat électif les obligeant à quitter leur vie professionnelle.

Les rémunérations des permanents sont calculées selon une grille qui correspond pour l'essentiel aux salaires moyens de la métallurgie parisienne [8].

Les dirigeants les plus responsables, par exemple les membres du Bureau politique, disposent d'une voiture mise à leur disposition par le Comité central et naturellement leurs collaborateurs sont rétribués

---

8. Comme nous le verrons un peu plus loin, les « élus » ristournent la majeure partie de leur indemnité à la trésorerie du P.C.

par le P.C. Le salaire des permanents leur permet de vivre comme de bons ouvriers qualifiés [9]. Leurs responsabilités politiques n'entraînent pas d'avantages financiers et matériels particuliers. Ce n'est pas de la démagogie mais une protection nécessaire contre la corruption que risque d'entraîner tout pouvoir quel qu'il soit. Loin d'être ces « fonctionnaires sans âme », ces « apparatchiki » que nous dépeint toute une littérature anticommuniste, ces permanents sont des femmes et des hommes qui, tout en menant la vie de tout le monde, ont une activité originale. Le grand public connaît certains dirigeants communistes. Qu'on me permette ici de rendre hommage à ces centaines de permanents communistes, honnêtes et dévoués à la cause pour laquelle ils ont consacré leur vie. Certains d'entre eux que je connais étaient déjà membres du P.C. avant-guerre. Ils ont participé à la Résistance et ont été déportés en Allemagne. Permanents depuis la Libération, ils travaillent aujourd'hui au Comité central ou à *l'Humanité*. Ils continuent à exercer des responsabilités même modestes dans leur section. D'autres, plus jeunes, ont pris le relais. La vie ne fut pas toujours facile pour les plus anciens. Ils ont connu des persécutions nombreuses, mais ils peuvent se dire que c'est en partie grâce à eux que la lumière commence à briller au bout du tunnel.

Je me souviens, par exemple, de René Roucaute, membre du P.C. avant-guerre, résistant dans le Gard et déporté en Allemagne. Il devint, après la guerre, dirigeant de l'Association des Vaillants (la branche enfantine de l'U.J.R.F. après la guerre)

---

9. Un certain nombre de permanents qui exerçaient à l'origine une profession relativement mieux rétribuée, par exemple celle d'enseignant, reçoivent un salaire légèrement supérieur.

puis il travaille à l'administration de _l'Humanité_ et enfin devient administrateur du C.D.L.P. (le Centre de diffusion du livre et de la presse). Suppléant de Robert Ballanger, député d'Aulnay-sous-Bois, il meurt voici quelques années des suites lointaines de la déportation.

Et mon camarade Lucien Germa, adhérent du P.C. avant-guerre, dirigeant de la Jeunesse communiste pendant la Résistance déporté en Allemagne, il devient après la guerre dirigeant de l'U.J.R.F. et administrateur de l'_Avant-garde_. Il travaille ensuite à _l'Humanité_. En même temps, il participe à la direction de la section de Vitry où il habite. Il est mort, il y a peu de temps. Ils sont ainsi des centaines, dont la vie est droite, pure, honnête, patriotes sincères et démocrates convaincus, héritiers des révolutionnaires de l'An II et des communeux du Moyen Age, des Jacobins et des Communards de 1871, révolutionnaires dévoués.

On peut ne pas être d'accord avec les communistes, mais il faut les connaître, savoir ce qu'ils sont et qui ils sont.

De ce point de vue, l'étude des permanents me semble importante.

Le Comité central emploie une trentaine de ses membres et environ 80 collaborateurs politiques.

Une dizine de fédérations ont environ dix permanents chacune, une vingtaine, cinq chacune, les 65 autres entre 2 et 3 ; cela fait environ 360 permanents politiques pour toute la France. Cela est modeste par rapport au nombre élevé des membres des cabinets administratifs et rouages politiques du pouvoir.

Ajoutons à ces 360 permanents politiques les permanents techniques qui sont environ 200 pour toute la France (la moitié dans les fédérations et l'autre au Comité central, dactylos, chauffeurs, etc.) soit 560 personnes en tout. Dans les différents organismes liés directement au P.C., on trouve également un certain nombre de permanents, dont les conditions de travail et de vie se rapprochent de celles des collaborateurs politiques ou techniques du Comité central et des fédérations [10].

Permanents, dirigeants aux différents échelons de la vie du P.C., militants constituent des équipes de communistes actifs et sont un des éléments essentiels de la puissance du P.C.

10. Un certain nombre de communistes sont élus régionaux, cantonaux et municipaux. Ils consacrent tout leur temps à l'exercice de leur mandat électif et reçoivent un traitement semblable à celui d'un permanent et prélevé sur l'indemnité qu'ils ristournent à l'organisme du P.C. dont ils dépendent. Leurs conditions de vie et de travail s'apparentent à celles des permanents.

VIII

L'ÉLECTORAT COMMUNISTE

Dans une conférence de presse tenue récemment aux U.S.A., le président de la République française a parlé avec quelque satisfaction du déclin historique du P.C.F. Nous savons que, du point de vue de l'organisation du P.C., c'était radicalement faux. Il n'est jamais bon en politique de prendre ses désirs pour des réalités et encore moins bon de les exprimer à l'usage d'autrui comme des réalités; mais qu'en est-il sur le plan électoral?

Si l'on examine de près l'évolution quantitative de l'électorat du P.C., on constate à deux reprises un gonflement spectaculaire, le premier au moment du Front populaire, le second à la Libération. Après la guerre, le P.C. a connu un léger progrès de 1945 à 1946, puis un léger déclin qui le ramène aux pourcentages de l'immédiate après-guerre.

C'est en 1958 que le P.C. connaît une chute brutale de 25,7 % des voix à 18,9 % en 1958. Il y a là un déclin, qui, nous l'avons vu, avait été précédé, préparé en quelque sorte par la diminution brutale des effectifs de 1947 à 1958. Les raisons de ce déclin sont nombreuses : la guerre froide, les conséquences des événements d'U.R.S.S. et d'Europe de l'Est (le

XXe Congrès du P.C. soviétique, les révélations sur Staline, la Hongrie) et les conditions de l'arrivée de De Gaulle au pouvoir [1].

Depuis 1958, le P.C. a connu un progrès réel en 1962 et 1967 suivi d'un nouveau recul en 1968 et d'une stabilisation entre 1969 et 1976. Il est donc vrai que le P.C. n'a pu faire une nouvelle percée électorale depuis la période de la Libération et qu'il reste à 6 ou 7 % au-dessous de son meilleur score de novembre 1946.

Aux présidentielles de 1969, le candidat du P.C., Jacques Duclos, obtint 21,52 % des voix des votants alors qu'il y avait un effondrement socialiste [2]. En fait, le P.C. n'avait pas été en mesure de profiter de cette situation exceptionnelle caractérisée par l'absence d'un grand parti socialiste. Cela tenait à la fois aux conséquences de la situation française et à la situation internationale. Nous étions en effet au lendemain de l'invasion de la Tchécoslovaquie par les armées des cinq pays du pacte de Varsovie (U.R.S.S., Pologne, Hongrie, Bulgarie, République démocratique allemande). Contrairement à ce qui s'était passé en 1958, il n'avait pas perdu de voix mais il n'avait pas été en mesure d'en gagner. Depuis la fin de la guerre d'Algérie (1962), le P.C. proposait avec obstination au parti socialiste la conclusion d'un accord politique à long terme, fondé sur un programme commun de gouvernement. Certes, en 1965, François Mitterrand avait

---

1. Voir l'étude de Jean Ranger : Le vote communiste en France depuis 1945 (in *le Communisme en France* : colloque de la Fondation nationale des sciences politiques, — 1969), p. 232-241.

2. Le Parti socialiste avait refusé un candidat unique de la gauche au premier tour de scrutin et présenté Gaston Defferre, qui avait obtenu 5,07 % des votants. Michel Rocard (alors P.S.U.) avait eu 3,66 % des voix et Krivine 1,06 %. Le P.S. avait soutenu Poher au deuxième tour de scrutin.

été le candidat commun des socialistes et des communistes pour l'élection présidentielle, mais sans qu'il y ait d'accord programmatique à longue échéance.

Il fallut attendre 1972 pour que soit signé entre le P.C. et le P.S. (auxquels se joindront les radicaux de gauche) le Programme commun de gouvernement.

Il est incontestable que sur le plan électoral le parti socialiste a été jusqu'à maintenant le principal bénéficiaire de la signature de ce programme dont les communistes avaient cependant été les initiateurs depuis dix ans.

On constate aux élections législatives de 1973 sur la base d'un progrès général de la gauche une remontée sensible du parti socialiste qui dépasse son pourcentage de 1967, et une stagnation du P.C. qui, tout en améliorant son pourcentage de 1968, reste au-dessous de celui de 1967. Ce phénomène allait encore être amplifié par les présidentielles de 1974. Le fait que François Mitterrand, devenu depuis le congrès d'Épinay de 1971, premier secrétaire du parti socialiste, soit le candidat commun de toute la gauche favorise nettement son propre parti. Le parti socialiste se renforce également de la venue de militants du P.S.U., emmenés par Michel Rocard, de militants syndicalistes de la C.F.D.T. et de nombreux militants chrétiens. Il est probable qu'une petite frange de l'électorat communiste — qui ne votait pour le P.C. qu'en raison de l'attitude anti-unitaire du P.S. — fit à nouveau mouvement vers ce dernier parti.

Les résultats des élections cantonales de mars 1976 montrent que les progrès socialistes se poursuivent sans que les positions électorales du P.C. en souffrent vraiment. Naturellement, les cantonales sont des élections partielles et qui ont un caractère différent des élections législatives, dans le sens où le vote n'implique pas un choix politique fondamental. Elles ont plutôt une valeur indicative.

Il est évident, en tout cas, que pour progresser et devenir la majorité, la gauche doit gagner sur le centre. Les élections cantonales montrent qu'à l'heure actuelle un certain nombre d'électeurs « centristes » sont décidés à voter socialiste. Le sondage post-électoral réalisé par l'IFOP et *le Nouvel Observateur* confirme cette observation [3]. Sur 100 électeurs socialistes, 18 viendraient de l'électorat giscardien (c'est-à-dire de ceux qui avaient voté pour Giscard d'Estaing lors du deuxième tour des présidentielles de mai 1974).

Je ne suis pas étonné d'une telle évolution. Il est normal, dans la situation de la France contemporaine, que des électeurs du centre ou du centre droit décident de voter à gauche et qu'ils le fassent pour le parti qui leur semble le moins éloigné de leurs convictions d'origine. Nous ne sommes pas dans la situation italienne où les forces socialistes sont divisées et où le parti socialiste italien sort affaibli de nombreuses années de collaboration avec la démocratie-chrétienne dans des gouvernements de centre gauche. En France, le parti socialiste, dès lors qu'il est signataire du Programme commun apparaît comme une alternative réelle à la politique suivie par la majorité. Ajoutons que l'anticommunisme d'une partie des media conforte certains électeurs dans leur volonté de ne pas voter communiste au premier tour et même de refuser à voter pour le candidat communiste, si celui-ci représente

3. *Nouvel Observateur*, n° 606, 21 juin 1976. Article de J. Ozouf et tableau p. 89.

la gauche au deuxième tour, ce qui est le cas en moyenne de 39 % des électeurs socialistes.

Les conséquences du XXIIe Congrès du P.C.F. n'avaient pas encore eu le temps de faire sentir leurs effets en mars 1976. Il existe un décalage chronologique important entre le changement d'orientation du P.C. et la prise de conscience de ces changements par l'opinion publique. La critique d'un certain nombre d'aspects importants de l'expérience soviétique et de l'activité du P.C.U.S. dans un certain nombre de domaines apparaît trop récente à nombre d'électeurs pour qu'ils en tirent les conséquences dès maintenant. La sincérité de la démarche du P.C. est mise en cause par de nombreux commentateurs, que ce soit sur l'abandon de la « dictature du prolétariat », les distances prises avec l'U.R.S.S. et la voie démocratique vers le socialisme. Ils n'ont pas raison, mais c'est ainsi. Paradoxalement, ces changements du P.C. dans un premier temps profitent en premier lieu au parti socialiste : en effet, des électeurs centristes sont plus tentés de voter socialiste qu'auparavant, lorsqu'ils reprochaient aux socialistes de s'être alliés aux communistes. Les changements du P.C. les amènent à reconsidérer leur position sur le Programme commun, mais en votant socialiste. En Italie, au contraire, les changements du P.C.I. et la situation du pays amènent de nombreux électeurs à voter directement pour le P.C.I. du fait de l'absence d'un grand parti socialiste, d'un programme commun socialo-communiste.

Le P.C.F. a-t-il donc eu tort de signer le Programme commun ? On ne peut, à mon sens, poser la question de cette façon, d'abord parce que, sans le P.C., il n'y aurait pas eu de Programme commun, et ensuite parce que celui-ci constitue un pas en avant d'une importance historique pour le succès de la gauche et le développement du socialisme en France. Il était donc indispensable de signer le Programme commun, mais en même temps il ne fallait pas perdre de vue les facilités que cela donnait au parti socialiste, en particulier en raison des problèmes posés au P.C. par l'expérience soviétique et les conséquences de l'affaire tchécoslovaque. Il est difficile de dire quelles conséquences aurait pu avoir une position plus critique du P.C. sur l'U.R.S.S. à partir de 1968, car on ne récrit pas l'histoire. Constatons que le P.C., après avoir hésité de 1968 à 1975 — soit qu'il ait espéré des changements décisifs en U.R.S.S., soit qu'il y ait eu des obstacles à vaincre en son propre sein en raison d'une tradition déjà ancienne et assurément solide — a choisi clairement, en 1976, une voie nouvelle. Tout donne à penser qu'il s'y tiendra fermement dans les années à venir, quelles que soient les péripéties de la politique internationale ou bien de la politique française.

Parti « attrape-tout », comme le qualifie Colette Ysmal[4], le parti socialiste a gagné même des voix d' « extrême gauche », encore que les élections cantonales ne soient guère favorables aux différentes organisations qui s'en réclament. Mais plus l'électorat socialiste s'élargit de l'extrême gauche jusqu'au centre droit, plus il devient perméable aux influences extérieures.

Dans le cadre de l'alliance historique du Programme commun, le parti socialiste a pu et a su canaliser des forces nouvelles qui lui ont permis et

4. Colette Ysmal, *op. cit.*, *Projet*, p. 658.

lui permettront encore d'accroître sensiblement son pourcentage électoral dans les quelques consultations à venir. Il n'est cependant pas ridicule de penser que les événements, la nature du Parti socialiste, les raisons même qui ont fait jusqu'à maintenant gonfler ses voiles, et les changements du P.C. produiront dans les années à venir des modifications importantes dans les rapports électoraux entre les deux grands partis de la gauche française.

Depuis dix ans et plus, François Mitterrand parle de rééquilibrer la gauche française au profit du parti socialiste. Voilà qui est fait et même au-delà, puisque s'amorcent les conditions d'un nouveau déséquilibre du fait de la progression socialiste et de la stagnation électorale communiste.

L'hypothèse et le souhait que l'on peut émettre, c'est qu'un nombre relativement important d'électeurs socialistes prennent conscience que leur sensibilité sera mieux exprimée par un grand parti ouvrier, démocratique, moderne et cohérent, comme tend à le devenir, à l'heure du XXIIe Congrès, le P.C. que par un parti « attrape-tout » sans doctrine, sans principes sérieux, plus uni par la volonté et la popularité d'un leader que par l'entente profonde de ses dirigeants et de ses adhérents.

La politique du P.C. vis-à-vis des électeurs gaullistes ou bien ses appels aux chrétiens (l'appel lancé à Lyon par Georges Marchais) peuvent lui gagner quelques électeurs dans l'immédiat, mais à mon sens ce sont des positions importantes pour l'avenir plus que pour le court terme sinon de façon marginale. Par contre, il est possible que le P.C. gagne des électeurs socialistes et cela sans dommage pour l'Union de la gauche puisque le P.S. gagne des électeurs centristes. Il est naturel qu'il y ait concurrence à l'intérieur de l'alliance. Cela est sain dès lors que cela ne paralyse pas l'unité nécessaire aujourd'hui pour gouverner les municipalités et demain pour gouverner la France. Après tout, chaque parti a son originalité, son identité. Qu'il souhaite avoir un nombre élevé de suffrage le plus possible et plus élevé que celui de son allié et concurrent, cela ne me semble pas scandaleux, bien au contraire. Encore faut-il fixer des règles du jeu et s'y tenir fermement et cela d'autant plus que cette alliance n'est pas seulement de caractère électoral mais qu'elle est également (et surtout!) valable dans la perspective d'une victoire électorale sur le plan gouvernemental. Reconnaissons que c'est une situation radicalement nouvelle dans l'histoire de France aussi bien que dans celle du monde.

Deux partis, l'un communiste et l'autre socialiste, concluent un programme commun de gouvernement, qui par la réalisation de réformes de structure doit permettre d'ouvrir à la France la route vers le socialisme! Ou bien ce programme n'a que la valeur d'un instant ou bien il signifie quelque chose de profond, de durable (donc de décisif) et cela modifie les bases mêmes de la politique française.

La répartition géographique de l'électorat communiste laisse apparaître en 1973 de très importantes inégalités que confirment les résultats des cantonales de 1976.

En 1973, le P.C. a obtenu moins de 10 % des voix dans cinq départements de Bretagne et du Poitou-Charentes : Manche, Mayenne, Maine-et-Loire,

Vendée, Deux-Sèvres, dans les deux départements alsaciens (Haut-Rhin, Bas-Rhin) et en Auvergne (Lozère, Haute-Loire et Aveyron).

Il obtient de 10 à 20% dans les autres départements bretons, à l'exception des Côtes-du-Nord, (Finistère, Morbihan, Ille-et-Vilaine, Loire-Atlantique), dans de nombreux départements du Sud-Ouest, des Pyrénées et du centre (Gironde, Landes, Pyrénées-Atlantiques, Gers, Haute-Garonne, Tarn, Tarn-et-Garonne, Lot, Cantal, Puy-de-Dôme), dans les départements du Nord des Alpes, du Jura et de l'Est de la France (Drôme, Savoie, Haute-Savoie, Jura, Doubs, Saône-et-Loire, Rhône, Ain, Côte-d'Or, Nièvre, Moselle, Vosges, Aube) ainsi qu'en Normandie (Eure, Eure-et-Loir, Calvados) et dans les pays de la Loire (Loir-et-Cher, Indre-et-Loire). C'est également le cas de la ville de Paris, des Yvelines et de la Corse. A l'exception de la Loire-Atlantique, de la Haute-Garonne, de la Moselle et des deux départements alsaciens, de Paris et des Yvelines, on constatera qu'il s'agit de régions à prédominance rurale, sans villes importantes et à forte influence catholique.

Les zones où les candidats du P.C. dépassent 30% sont industrielles et comportent pour la plupart une urbanisation extrêmement poussée ou peu rurale mais fortement déchristianisée, ce sont les départements de la région parisienne (Seine, Seine-Saint-Denis, Val-de-Marne, Essonne, Val-d'Oise), la Somme, le Cher, la Haute-Vienne et l'Allier, les Pyrénées-Orientales, les Bouches-du-Rhône et le Gard. Avec le Pas-de-Calais, les Hauts-de-Seine, le Nord, certains quartiers de Paris (XIe, XIIIe, XVIIIe, XIXe, XXe), la Seine-Maritime, certains cantons de Meurthe-et-Moselle, et la Corrèze, l'Hérault, les Alpes-Maritimes, la banlieue lyonnaise, sont les bastions électoraux du P.C. [5].

Les sondages post-électoraux donnent des renseignements plus fins sur l'électorat communiste avec toutes les inexactitudes, les imprécisions et les insuffisances que la méthode entraîne nécessairement [6]. Les chiffres suivants nous semblent intéressants.

Sexe : Sur 100 électeurs communistes, on trouve

54 hommes
46 femmes.

Le pourcentage d'électeurs féminins est en progrès par rapport à 1973, mais il reste encore inférieur à celui des hommes. Il est néanmoins plus élevé que celui du P.S. (55 hommes, 45 femmes).

Age : Sur 100 électeurs communistes (nous indiquons entre parenthèses les chiffres du P.S.) :

	P.C.	P.S.
18 à 24 ans	14	(13)
25 à 34 ans	17	(21)
35 à 49 ans	30	(20)
50 à 64 ans	23	(25)
65 ans et plus	16	(21)

Il semble que les plus jeunes votent légèrement plus pour le P.C. que pour le P.S. (du moins dans la

5. Le tableau annexe 9, p. 196, permet de suivre avec précision l'influence électorale du P.C. selon les régions.

6. Le sondage SOFRES. — *Nouvel Observateur* a été réalisé auprès de 2 000 personnes réparties dans 20 cantons choisis en fonction de la dispersion géographique, la représentativité politique et la caractérisation sociologique. J. Ozouf, *op. cit.,* p. 80.

structure propre de l'électorat). Par rapport à cette tranche d'âge, le P.S. devance le P.C. comme le montre le tableau suivant.

	P.C.	P.S.
18 à 24 ans	28	33
25 à 34 ans	25	38
35 à 49 ans	28	24
50 à 64 ans	21	28
65 ans et plus	17	28

Les électeurs de 25 à 34 ans, par contre, votent nettement plus pour le P.S. que pour le P.C. ; c'est la génération de 68 qui, dans une certaine mesure, continue de reprocher au P.C. son attitude à ce moment, ce qui n'est pas le cas des plus jeunes (les moins de 24 ans en 1976, avaient au plus 18 ans en 1968).

Quant aux électeurs de 35 à 49 ans, ils votent massivement communiste puisque même par rapport à l'électorat de cette tranche d'âge en général les communistes l'emportent nettement sur les socialistes (28 % contre 24 %). Ce sont les jeunes qui ont eu 20 ans au moment de la guerre d'Algérie et à la fin de la IVe République. Ils n'ont pas oublié la responsabilité des socialistes dans la guerre d'Algérie et la disparition de la IVe République. De 50 à 64 ans, socialistes et communistes ne sont pas très éloignés avec un léger avantage pour les socialistes. Par contre, au-delà de 65 ans, nous trouvons une nette domination socialiste.

C'est donc dans la classe d'âge de 25 à 34 ans que se situe la grande faiblesse communiste. Cette situation mérite d'autant plus d'attention que les

classes d'âge de 18 à 34 ans ont le plus fort taux
d'abstention [7].

Profession	P.C.	P.S.	Majorité
Agriculteur	9	13	20
Petit commerçant, artisan	4	5	6
Cadre supérieur	3	4	4
Cadre moyen, employé ...	15	16	11
Ouvrier	25	20	10
Inactif	44	42	49
	100	100	100

Il faut tenir compte pour comprendre ce tableau
du fait qu'il y a un nombre élevé d'inactifs parmi les
jeunes de 18 à 21 ans et que les élections cantonales
de 1976 ne portaient qu'à peine sur la moitié du
corps électoral.

Par rapport au chiffre total de la catégorie socio-
professionnelle considérée, nous avons, selon le
sondage S.O.F.R.E.S.-*Nouvel Observateur* de
mars 1976, les chiffres suivants :

	P.C.	P.S.	Majorité
Agriculteurs	14	25	61
Petits commerçants, arti-sans	15	28	57
Cadres supérieurs, profes-sions libérales	19	32	47
Cadres moyens, employés	25	34	41
Ouvriers	34	36	30
Inactifs	23	27	49

7. D'après le sondage SOFRES et J. Ozouf, les 18-34 ans constituent
28 % des votants et 39 % des abstentionnistes. Le phénomène étant d'autant
plus fort que l'électeur est jeune.

On constate donc une certaine parenté entre les électorats communiste et socialiste.

La structure de l'électorat communiste serait un peu plus ouvrière que celle de l'électorat socialiste et compterait moins de cadres supérieurs, de paysans, de commerçants et d'artisans. Notons cependant que dans un sondage réalisé pendant la campagne des cantonales par l'I.F.O.P. et *France-Soir* les structures des électorats communiste et socialiste se présentent de la façon suivante :

	P.C. (%)	P.S. (%)	Popul. franç. (%)
Exploitants agricoles	4	8	12
Patrons de l'industrie et du commerce; professions libérales; cadres supérieurs	8	12	15
Employés, cadres moyens	15	30	17
Ouvriers	52	29	32
Inactifs	21	21	24

C'est l'inconvénient de ce genre de sondage de donner des résultats tout à fait incertains. Admettons qu'ils donnent un certain profil de l'électorat communiste. La répartition géographique de cet électorat confirme l'importance de son électorat ouvrier et populaire.

L'étude du revenu mensuel par foyer en donne une preuve supplémentaire : 74 % de l'électorat communiste a un revenu mensuel par foyer de moins de 3 000 F (70 % de l'électorat socialiste et 65 % de l'électorat « majoritaire »). Quant au niveau d'instruction, il est légèrement inférieur pour l'électorat communiste (6 % des électeurs communistes ont une instruction supérieure contre 8 % des électeurs socialistes et 10 % des électeurs majoritaires).

*

Autre indication intéressante de ce sondage, c'est la religion des électeurs. 6 % des électeurs communistes sont très pratiquants (8 % de l'ensemble des catholiques) contre 16 % des électeurs socialistes (24 % des électeurs catholiques au total).

13 % des électeurs communistes sont pratiquants occasionnels et 57 % sont catholiques mais non pratiquants.

On ne peut conclure de ces chiffres que les efforts faits par le P.C. en direction des chrétiens aient été totalement négatifs. Sans doute les électeurs catholiques sont-ils plus nombreux à voter pour la majorité et même pour le P.S. On ne peut pour autant en déduire que ces efforts resteront vains dans les années à venir.

*

D'une façon plus générale, l'électorat communiste a des possibilités d'expansion, des réserves qui restent considérables.

Je sais bien que certains critiques ne manqueront pas de qualifier cette approche du problème d' « électoraliste », en particulier des militants « d'extrême gauche » voire quelques communistes. Eh bien, il me semble qu'il faut être clair. La démocratie ne se réduit pas au droit de vote, au suffrage universel et aux libertés publiques mais ils en sont les pièces maîtresses sans lesquelles le socialisme ne peut pas se développer. La voie démocratique développée par le P.C.F. à son XXIIe Congrès implique de toute évidence le recours fréquent à un suffrage universel et libre. Il est donc nécessaire que le P.C.se soucie des élections et qu'il les mette à leur juste place. Cela ne signifie pas qu'il lui faille faire de la démagogie, de l'opportunisme mais cela veut dire qu'il se doit, sur les bases de ses principes et de sa politique, de trouver les voies et les moyens pour gagner plus d'électeurs. L'expérience portugaise où le parti communiste portugais en raison des circonstances, c'est-à-dire de cinquante ans de fascisme, et peut-être d'une certaine sous-estimation de l'importance des élections a subi des revers incontestables, et celle de l'Italie où le P.C.I. a réussi à effectuer une percée électorale sans précédent dans l'histoire des États démocratiques de l'Occident sont là pour démontrer la nécessité d'accorder toute l'importance nécessaire aux élections.

Les réserves que l'on peut envisager pour l'électorat communiste sont nombreuses. Il y a de nombreux ouvriers, en particulier parmi les plus pauvres, parmi les O.S. (la Majorité continue à recueillir les votes de 55 % des familles au revenu le plus pauvre, moins de 1 000 F par mois). Il y a des cadres moyens, des employés, des cadres supérieurs où le vote communiste reste souvent inférieur à la moyenne nationale.

Ces « cols blancs » (les *white collars*) ont encore une certaine vision d'un P.C. stalinien. Il y a de nombreuses femmes, des jeunes de 18 à 24 ans et surtout ceux de 24 à 35 ans. Il y a enfin des régions importantes à forte densité ouvrière et avec une urbanisation importante qui restent très en deçà de la moyenne nationale, telle la Bretagne, la Loire-Atlantique, les départements alsaciens et lorrains, la Haute-Garonne et les départements champenois, les pays de la Loire.

Le P.C., nous l'avons vu, se renforce depuis quelques années en adhérents et en militants. Cela peut avoir des conséquences électorales importantes. Encore faut-il qu'il affirme nettement son identité dans le cadre de l'union de la gauche et soit pleinement et un parti d'avant-garde et un parti de masse.

IX

LE P.C., LES INTELLECTUELS
ET L'IDÉOLOGIE

Les intellectuels sont nombreux à être membres du P.C. Nous l'avons constaté en étudiant sa composition sociale et sa direction. Ils appartiennent à toutes les catégories possibles et leur nombre s'accroît très vite. Un certain nombre d'intellectuels a quitté le P.C. depuis sa naissance, et en particulier depuis le début des années cinquante, ou bien en a été exclu. Ce fut le cas, en particulier, de Claude Roy, de Jean Duvignaud, de Jean-Toussaint Desanti, d'Henri Lefèbvre, d'Annie Kriegel, de Roger Garaudy.

Depuis 1970 et « l'affaire Garaudy », le P.C. n'a procédé à aucune exclusion pour des raisons politiques. Les causes qui amènent certains intellectuels communistes à quitter le P.C. sont diverses selon les circonstances historiques et la personnalité des uns et des autres.

Certains adhèrent lorsqu'ils sont étudiants, sans responsabilités dans la vie professionnelle ou familiale. On ne réagit pas de la même façon quand on est étudiant en médecine et quand on est médecin. Ils quittent le P.C., leurs études terminées, parce qu'ils ne se sentent pas des raisons majeures d'y rester et parce qu'en être adhérent est pour eux plutôt une difficulté qu'un avantage. D'autres ont quitté le P.C. parce qu'ils critiquaient sa politique. Ils ont suivi ensuite une évolution plus ou moins rapide qui les a conduits vers d'autres rivages. Je ne critique pas cette évolution dont, je le sais, pour beaucoup, la sincérité ne peut être mise en doute. Quitter le P.C. sauf dans des conditions très rares, ce n'est pas être renégat ni le trahir, c'est tout simplement ne plus être d'accord avec lui et suivre une autre route. C'est le droit de chacun et cela le restera dans notre pays.

Les révolutions du XXe Congrès du P.C. soviétique et la façon dont s'est opérée la « déstalinisation » ont conduit nombre d'intellectuels hors du P.C. Les événements de mai 1968 et les événements de Tchécoslovaquie ont provoqué une nouvelle vague de départs. Je ne me propose pas ici de faire une histoire du P.C. ni de ses rapports avec les intellectuels. Je constate simplement qu'il existe des dizaines de milliers d'intellectuels qui furent membres du P.C. et qui ne le sont plus. C'est un problème réel dans la mesure où cela marque un certain échec du P.C. et où cela contribue aujourd'hui à influencer dans un sens défavorable le jugement que portent sur lui nombre de Français. Les organisations et mouvements « d'extrême gauche » n'ont guère enlevé d'électeurs au P.C. comme le prévoyait Mao Tsétoung devant A. Malraux qui le rapporte dans ses *Antimémoires*. Nous lui enlèverons « des poings » disait Mao, c'est-à-dire des militants et non des électeurs. Un certain nombre de lycéens, d'étudiants et de jeunes intellectuels n'ont pas adhéré au P.C. On peut en même temps constater un mouvement inverse. Séduits par la phraséologie « révolutionnaire », sans expérience politique, sans références historiques ou avec des références très « manipulées », il est arrivé et il arrive que ces jeunes voient dans le P.C. un parti bureaucratique et stalinien, ou un parti révisionniste ou quelque peu social-démocrate.

Peu à peu, comme le poisson rouge las de tourner en rond dans son bocal, ils finissent par prendre conscience des réalités du monde d'aujourd'hui et de la France contemporaine, et de la contradiction qui existe entre leurs illusions et la réalité française. Les uns abandonnent toute activité politique, s'occupent de leur carrière ou bien se laissent aller à telle ou telle forme pernicieuse d'autodestruction[1], les autres passent du gauchisme au P.C., parce qu'ils comprennent le sens profond et réel de l'action révolutionnaire dans la France contemporaine.

Les rapports entre les intellectuels et le P.C. ne sont pas toujours faciles! Les liens qui unissent des intellectuels et une institution, un pouvoir, ne sont pas simples, quels que soient les intellectuels et quel que soit le pouvoir. Pour le P.C., cela s'accompagne des difficultés posées par les rapports entre la politique et l'idéologie.

En effet, comme le souligne le préambule des statuts, le parti communiste français « fonde son action sur le marxisme-léninisme qui généralise

---

1. C'est le cas de Forner, ancien secrétaire général de l'Union des étudiants communistes, qui a mis fin à ses jours voilà quelques années.

les connaissances philosophiques, économiques, sociales et politiques les plus avancées. Cette doctrine est une conception scientifique du monde, une méthode d'analyse de la réalité, un guide pour l'action s'enrichissant sans cesse des acquisitions de la science, des expériences de l'action de classe des travailleurs, en France et dans le monde, des réalisations des pays où le socialisme a triomphé ».

Le parti communiste français est donc marxiste, ce qui ne signifie pas qu'il faille être marxiste pour y adhérer ni qu'y adhérer rende marxiste, mais c'est un parti marxiste, ce que n'est pas, par exemple, le parti socialiste, et qui constitue une différence fondamentale entre les deux grands partis de gauche.

Les dizaines de milliers d'intellectuels communistes disposent de moyens nombreux de recherche et d'expression dans le cadre du Parti. Le P.C. lui-même est un parti politique. Il ne prétend pas être une Église même s'il a pu sembler l'être aux yeux de beaucoup dans le passé, ce qui était la conséquence du phénomène stalinien mais les temps en sont bien révolus en France. C'est pourquoi il n'entend pas dicter une ligne de conduite en toute chose à ses adhérents. La seule exigence qu'il peut avoir c'est que ceux-ci respectent la ligne politique du Parti. Pour le reste, le P.C. organise des confrontations sur les problèmes posés par la recherche et les débats se poursuivent jusqu'au bout, c'est-à-dire jusqu'au moment où des solutions permettent de résoudre le problème et qu'elles soient acceptées par tous.

Cette liberté de recherche est fondamentale car il ne peut y avoir de recherche marxiste sans cette liberté. C'est ce qu'avait affirmé fortement le

Comité central du P.C. réuni à Argenteuil en 1967. Cela ne signifie pas que la recherche marxiste soit éclectique ou indifférente aux rapports entre la politique et la théorie, mais cela veut dire que les communistes peuvent avoir des opinions différentes dans toute une série de domaines, par exemple sur les causes du phénomène stalinien, sur la psychanalyse ou les problèmes de la sexualité.

Les intellectuels communistes sont des communistes à part entière. Ils peuvent exercer et exercent effectivement des responsabilités politiques. Ils jouent un rôle important dans l'activité de recherche du P.C. Ils ne sont donc pas des potiches destinées à servir d'ornement comme les adversaires du P.C. aiment à les représenter.

La difficulté consiste à bien opérer la distinction entre la ligne politique et la recherche. Critiquer publiquement le rejet du concept de « dictature du prolétariat », comme le font L. Althusser et E. Balibar, depuis le XXII⁰ Congrès du P.C., c'est bien évidemment aller contre une décision politique du Congrès, contre une ligne politique. Approfondir le rôle de l'État à notre époque, étudier les rapports entre l'État et l'économie, analyser les bases théoriques d'une stratégie et les affiner, c'est un travail de chercheur marxiste. On doit distinguer plusieurs niveaux dans la recherche marxiste. Il y a la diffusion des idées fondamentales qui constituent en quelque sorte la pédagogie du marxisme. Il y a une recherche à court terme, de caractère plutôt utilitaire, ce qui n'enlève rien à sa nécessité. Il y a enfin la recherche à moyen et à long terme qui ne s'investit pas immédiatement et directement dans l'activité politique. Il existe au P.C. plusieurs organismes de recherche. C'est le cas du *Centre d'études et de recherches marxistes,* qui groupe des centaines de chercheurs de toutes disciplines et qui organise de nombreux débats, des conférences, des colloques sur les grands problèmes théoriques de notre époque ainsi que la Semaine de la Pensée marxiste.

L'institut Maurice Thorez étudie les problèmes de l'histoire du mouvement ouvrier en France et dans le monde. La section économique du P.C. compte de nombreux spécialistes qui analysent les mouvements économiques et leurs conséquences présentes et prévisibles. *Économie et Politique* diffuse ses principaux travaux.

Le P.C. édite de nombreuses publications destinées aux intellectuels et aux chercheurs. Pour les enseignants, c'est le cas de *l'École et la Nation. La Nouvelle Critique* est une revue mensuelle de caractère politique et culturel qui tire à 15 000 exemplaires, *La Pensée* a un contenu plus philosophique et s'ouvre aux problèmes historiques et à l'épistémologie.

Europe publie des numéros spéciaux sur des auteurs ou sur des littératures étrangères.

En outre, des communistes animent de nombreuses revues de recherche ou de création, (c'est le cas d'*Action poétique,* de *Dialectiques* par exemple), qui ne sont pas des revues de P.C.

L'institut Maurice Thorez publie régulièrement les *Cahiers d'histoire* et le CERM va faire paraître de la même façon ses cahiers sous une forme imprimée et sous le titre de *Recherches marxistes.*

Les Éditions sociales continuent la publication des œuvres de Marx — dont leur fonds est déjà riche — avec l'édition de la correspondance Marx-Engels. Ils traduisent à nouveau les œuvres complètes de Lénine dont ils étaient déjà les éditeurs avec 45 volumes publiés.

Ils éditent également de nombreux travaux de recherche, par exemple ceux du CERM et des travaux plus personnels d'intellectuels.

Les Éditeurs français réunis publient de nombreux ouvrages de poésie et des romans.

Chaque année, la vente du livre marxiste organisée avant ou après les vacances de Pâques groupe des milliers de participants. La Cité du livre organisée par le C.D.L.P. [2] pendant la fête de l'Humanité et avec le concours de la plupart des maisons d'édition françaises est la plus grande librairie de France pendant deux jours. Les cellules, les sections et les fédérations du Parti organisent des milliers de débats et des conférences sur les questions les plus diverses de la politique générale à la littérature. Les activités culturelles ne sont pas moindres et elles s'expriment par exemple à la fête de l'Humanité, qui chaque année, groupe des centaines de milliers de personnes. Le P.C. compte des milliers d'historiens, d'écrivains, de philosophes, de sociologues, de médecins, de juristes, d'économistes, de scientifiques. Il dispose d'un vaste capital intellectuel dont il ne sait peut-être pas toujours tirer tout le parti possible mais l'important c'est qu'il ait su l'acquérir et qu'il ait la volonté de le mettre en valeur. Dans les municipalités que les communistes dirigent, la vie culturelle est intense. Écrivains, plasticiens, metteurs en scène et cinéastes, comédiens, hommes de télévision et de radio, on trouve des communistes nombreux dans tous les secteurs de la vie intellectuelle et culturelle

---

2. Centre de diffusion du livre et de la Presse.

de la France contemporaine. Ils ne sont pas pour autant soumis à des règles, coulés dans un même moule et la diversité est tout aussi grande chez eux que chez les autres.

*
* *

Je ne prétends pas que tout aille bien et qu'aucun problème ne se pose. Ici on pourra s'inquiéter des conséquences des débats sur la sexualité dans une opinion publique restée souvent prisonnière des idées du passé. Là, on redoutera des discussions sur l'État qui pourraient prendre l'allure d'une remise en cause de l'esprit et des décisions du XXIIe Congrès. Il peut y avoir des incompréhensions qui subsistent mais l'essentiel, à mon sens, n'est pas là. Face à la remise en cause de Marx par tout un courant antirationaliste, le P.C. apparaît comme à l'origine d'un véritable renouveau du marxisme.

André Glucksmann[3], Guy Lardreau et Christian Jambet[4], sans parler de Maurice Clavel[5], lancent leurs attaques tous azimuts.

Marx est mort, disait déjà Jean-Marie Benoist[6], voilà quelques années. Prenant appui sur certaines caractéristiques des expériences socialistes dans le monde — et en premier lieu sur l'expérience soviétique — ces auteurs mettent en cause, non seulement Lénine, mais Marx lui-même qui serait coupable de toutes les déviations postérieures et dont les idées seraient totalement dépassées.

Les milliers de chercheurs communistes

---

3. *La Cuisinière et le mangeur d'hommes*, Seuil 1975.
4. *L'Ange*, Grasset 1976.
5. M. Clavel « *Dieu est Dieu nom de Dieu!* » Grasset 1976.
6. Jean-Marie Benoist, *Marx est mort*, Gallimard 1970.

répondent par leurs propres travaux de la contemporanéité d'une conception du monde et d'une méthode d'analyse pluridisciplinaire et universelle [7].

On a beaucoup disserté sur l'« identité » du P.C. Le fait qu'il s'affirme marxiste — et pas le P.S. — me semble être très significatif de la différence qui existe entre les deux principaux partis de l'union de la gauche. Le parti socialiste compte, je le sais, de nombreux marxistes parmi lesquels d'anciens communistes. Je ne mets en cause ni leur honnêteté intellectuelle ni leur qualité de marxistes. Simplement, j'essaie de montrer en quoi le P.C. est différent du P.S. qui ne peut favoriser une recherche marxiste ni aboutir à une stratégie cohérente étant donné l'imprécision et les contradictions de sa doctrine. C'est sur ce terrain qu'est particulièrement apparent le réformisme du P.S.

Certains me diront : mais le fait qu'il y ait un lien entre un parti et une idéologie si honorable soit-elle, n'est-ce pas dangereux — la preuve en est ce qui s'est passé en U.R.S.S.?

Cela peut être vrai si ce parti dirige l'État et monopolise le pouvoir, s'il impose sa propre idéologie à l'État, mais rien de tout cela n'est possible ni vraisemblable en France dès lors que subsistera le pluralisme politique et idéologique.

Nous savons pourquoi il en fut ainsi dans les expériences socialistes qui se sont déroulées jusqu'à maintenant et c'est précisément ce modèle que refuse le P.C.

Il n'est pas de sujet dont parle le P.C. sans qu'immédiatement lui soit opposé l'histoire de tel ou tel pays socialiste et ses réalités actuelles. Il

7. J. Milhau, *Le Marxisme en mouvement* (P.U.F., 1975).

faudra bien que la vérité franchisse les montagnes. Les communistes français ne sont en rien responsables de ce qu'ont fait les communistes soviétiques en 1937 ou de ce qu'ils font aujourd'hui pas plus que les catholiques français de 1976 ne sont responsables de l'Inquisition ou des Croisades ou du soutien de l'Église espagnole à Franco en 1936 ou de l'appui donné à Pétain par la majeure partie de la hiérarchie catholique ou de celui de l'Église italienne à la démocratie chrétienne en 1976.

Je ne veux pas discuter ici de l'évolution de l'U.R.S.S. et de ses problèmes mais simplement montrer que la pratique de l'amalgame entre les communistes des différents pays, entre des partis dont les idées sont radicalement opposées sur tant de problèmes ne me semble pas relever d'une analyse sérieuse de l'activité du P.C., mais plus de la propagande électorale. On peut et on doit discuter sérieusement, parce que ce sont là choses sérieuses, de ce qui s'est passé en U.R.S.S. ou de ce qui s'y passe et je comprends l'inquiétude de beaucoup d'intellectuels. Nous ne voulons ni du goulag, ni d'expositions artistiques interdites, ni d'œuvres littéraires censurées, ni d'hôpitaux psychiatriques pour délits politiques ni de persécutions contre des chrétiens ou des juifs et nous condamnons cela avec autant de fermeté que quiconque, même si nous ne réduisons pas toute la réalité des pays socialistes à ces faits. Parce que je suis communiste, cela me fait encore plus mal même si je considère que les expériences socialistes ont été positives à tant d'égard compte tenu des problèmes qu'elles avaient à résoudre. C'est dans notre chair que nous souffrons précisément, mais enfin nous tentons d'analyser le pourquoi de ces choses. Nous les reclassons dans les conditions historiques qui leur ont donné naissance. Nous essayons de distinguer le spécifique du général. Il n'y a pas d'autre voie possible si l'on veut explorer des chemins nouveaux pour aller au socialisme dans notre pays et à notre époque.

Le capitalisme connaît aujourd'hui une grave crise qui n'est pas seulement économique, mais dont le champ d'action est beaucoup plus vaste et qui touche aux fondements mêmes de notre civilisation.

La culture est sacrifiée ainsi que la recherche et beaucoup acceptent cette politique parmi les intellectuels, à la pensée que cela pourrait être pire et qu'au moins subsistent dans notre pays certaines formes de libertés intellectuelles qui n'ont jamais existé ou n'existent pas au-delà de l'Elbe. C'est pourquoi il me paraît important de ne pas laisser se perpétuer cette identification des communismes qui constitue un des principaux obstacles à la prise de conscience des intellectuels et par conséquent à leur action. On voit bien qui peut avoir intérêt à éterniser cette confusion et à qui cela profite sinon « aux princes qui nous gouvernent » comme disait jadis Michel Debré...

Pour dissiper ces incompréhensions, pour éliminer ces inquiétudes chez tant d'intellectuels et d'hommes de culture, il y faudra encore du temps et de la patience, — mais cela disparaîtra assurément. L'évolution actuelle du P.C. permet de le penser.

*
* *

Parti ouvrier et populaire, le P.C. est en même temps un parti d'intellectuels.

Le fait ne s'est pas démenti depuis plus de quarante ans, contre vents et marées et le plus fort des tempêtes me semble derrière nous. C'est pourquoi le P.C. se renforce dans ces milieux comme dans les milieux ouvriers et populaires.

X

« L'AME DU P.C. »

Un des thèmes favoris d'Annie Kriegel, c'est celui de la contre-société.

Le P.C. serait un « parti société [1] ». Il se situerait « à l'extérieur de la société établie ». « Porteur d'un modèle social », il en serait « lui-même une première esquisse : il en est par son dispositif interne, par ses mécanismes et ses procédures la version initiale. Ainsi peut s'expliquer que tant de traits propres à la société soviétique se retrouvent dans le parti français ».

Le P.C. constituerait une « micro-société » chargée d'enfoncer et de désagréger les institutions de la société établie. Il constituerait une « société dans la société » comme jadis le protestantisme au XVIIe siècle un « État dans l'État ».

Pour Annie Kriegel, le P.C. fonctionne comme une entité en marge de tout, elle parle de « l'étrangeté du Parti » par rapport à la société française et elle en arrive tout naturellement à la conclusion que le P.C. utilise le noyautage et le sous-marinage, qui seraient en quelque sorte, selon elle, les mamelles du communisme...

Stalinienne convaincue quand elle était membre

1. Annie Kriegel, *op. cit.*, p. 81.

du P.C., ce n'était pas scandaleux, nous étions quelques millions — communistes ou non, à l'être — intransigeante, passionnée, Annie Kriegel le fut tout autant dans l'autre sens, quand elle décida de quitter le Parti en 1956 : ce qui était tout à fait son droit, mais c'est tout autant le mien que de critiquer l'outrance de ses appréciations et leur passéisme évident qui consiste fréquemment à peindre ce qu'elle a connu et à décrire le P.C.F. d'aujourd'hui d'après les souvenirs qu'elle en avait gardé d'il y a vingt ans et plus.

Au noyautage et au sous-marinage s'ajouterait le secret dont s'entourerait le P.C. Ainsi, celui-ci s'apparenterait-il à la mystérieuse congrégation qui dominait la vie politique pendant la Restauration ou à la Franc-maçonnerie qui inspirait quelque peu la IIIe République, une congrégation rouge, et non pas noire, mais plus redoutable encore.

Tous les faits contenus dans ce livre vont en sens inverse des démonstrations d'Annie Kriegel.

Il est cependant possible que cette image du P.C. subsiste encore dans l'idée que s'en font nombre de Français. C'est, dans une certaine mesure, la conséquence, d'une part, d'un passé déjà lointain mais qui continue à peser sur notre temps et d'autre part d'un présent extérieur au P.C.F., conséquence de ce passé, mais dont il porte le poids.

Il reste que les media amplifient le mouvement et constituent un des principaux obstacles entre la réalité du P.C. et l'image que s'en font nombre de Français. S'il y a discussion dans ce P.C. c'est qu'il est en crise nous dit-on. S'il y a unanimité, c'est qu'il est monolithique donc stalinien.

Un grand écrivain de théâtre, le plus grand de notre temps dans son domaine, Ionesco, n'écrit-il pas dans *le Figaro* du 8 juillet 1976 que « le communisme est en déroute » et que « le parti socialiste français tient à bout de bras cette chose défaillante ».

Il est curieux de constater cette transe dans laquelle entrent un certain nombre de gens intelligents mais qui perdent tout sang-froid, toute mesure, toute clarté d'analyse dès lors qu'il s'agit des communistes français.

Et Ionesco de conclure : « Mais non, les partis communistes du monde entier ont soif de pouvoir et ils voudront l'obtenir par tous les moyens, imaginez-vous, ce sont des organisations entières, des administrations qui attendent, des partis qui préfèrent le pouvoir à la vérité, installer la tyrannie plutôt que se démettre... où sans la puissance soviétique les partis communistes occidentaux se dégonfleront doucement. » (!!!! points d'exclamations personnels. N.D.L.R.).

*
* *

Le parti communiste français a une activité totalement publique. S'il a eu des « secrets », Annie Kriegel le sait bien, c'est en raison des conditions qu'a connues la France pendant des dizaines d'années.

Il constitue un parti comme les autres et en même temps il a une originalité profonde. Il ne prétend pas imposer cette originalité à ceux qui la refusent. Il ne propose pas cette originalité comme modèle de la société à venir.

Nombreux sont les communistes qui ont des responsabilités dans les municipalités, dans les organisations syndicales ou professionnelles, dans les organismes culturels, dans les comités de défense, dans toutes sortes d'associations aux buts les plus divers dans tous les secteurs de la vie nationale. Ces responsabilités, ils les ont acquises par leur travail dans ces organisations, dans ces comités, dans ces organismes, dans ces associations. Ils ont été élus au sein des organismes statutaires et dans les règles fixées par la loi, ou bien lors des élections municipales, les électeurs leur ont fait confiance pour gérer les municipalités. Nulle part, à nul moment dans l'histoire de notre pays, les communistes n'ont tiré leurs responsabilités d'autre chose que de la légitimité du suffrage, de moyens légaux et pacifiques, à l'exception naturellement de la période de la Résistance, ce qui est pour eux plus un honneur qu'une infamie...

Georges Séguy n'a pas noyauté la C.G.T. et Henri Krasucki n'est pas un sous-marin dont le périscope émergerait de temps à autre du côté de la rue La Fayette! Personne n'oblige les électeurs d'Ivry ou de Saint-Denis à voter pour les candidats du P.C.F... Des communistes ne sont pas à la direction du S.N.E.S. Sup., du S.N.E.S., de l'U.N.E.F. ou de l'U.N.C.A.L. [2] par la force des baïonnettes. Les communistes appartiennent totalement à la société française et exercent loyalement des responsabilités sans aucune restriction sinon celle que le pouvoir entend lui apporter. Cela n'a rien à voir avec un parti-société dont les membres tenteraient de conquérir l'État subrepticement...

---

2. S.N.E.S. sup. : Syndicat national de l'enseignement supérieur.
   S.N.E.S. : Syndicat national de l'enseignement secondaire.
   U.N.E.F. : Union nationale des étudiants de France.
   U.N.C.A.L. : Union nationale des comités d'action lycéens.

***

***

Alors, diront les critiques, si cela est vrai — et peut-être après tout le P.C. change-t-il [3] —, c'est qu'il perd son âme. Il ne serait plus un parti communiste, mais il tendrait à être un parti social-démocrate, or il en existe déjà un, c'est le parti socialiste. Il y a donc, dit joliment Annie Kriegel, « désynchronisation ». Rassurons-la, le P.C., me semble-t-il, n'entend pas se social-démocratiser. Il se veut un parti révolutionnaire mais qu'est-ce que cela signifie dans notre société, dans notre pays et à notre époque? C'est là toute la question. Ce n'est pas hisser le drapeau rouge sur une barricade ou préparer fébrilement le grand chambardement... La prise du Palais d'Hiver, la Longue Marche, les Barricades de Paris en 1871 ou celles de Berlin en 1919 appartiennent à l'histoire. Le cheminement vers le socialisme est et sera dans notre pays comme sans doute dans les pays qui présentent les mêmes caractéristiques économiques, sociales, culturelles, politiques, radicalement différent de celui des autres révolutions socialistes que l'histoire a connues.

Les mots révolution et révolutionnaires prennent donc un tout autre sens parce que la révolution c'est une série de changements dans les structures économiques et sociales de notre pays qui transformeront de façon radicale la société française et créeront le socialisme, mais ce n'est pas un phénomène rapide, brutal, c'est au contraire un processus de longue durée marqué par des étapes diverses et dont l'arme principale sera le bulletin de vote. C'est

---

3. Voir l'interview d'Annie Kriegel, *le Point* du 21 juin 1976.

l'importance du XXIIᵉ Congrès du P.C.F. que d'avoir précisé cette idée fondamentale. De ce point de vue, il m'apparaît que l'expérience nouvelle dont nous sentons bien des traits se dessiner dans l'histoire contemporaine se distinguera totalement de ce qu'a été la social-démocratie et de ce qu'elle est encore là où elle gouverne : une simple entreprise de gestion du capitalisme. C'est évident dans le cas de l'Angleterre, de l'Allemagne occidentale ou de l'Autriche; cela ne signifie pas qu'il n'y ait pas eu çà et là des réformes utiles pour les travailleurs, mais elles n'ont en rien modifié les structures de l'économie et de la société de ces pays. Et c'est, contrairement à ce qu'affirmait dans *le Monde* François Mitterrand, également le cas de la Suède — il ne faut pas confondre social et socialisme.

En même temps, l'expérience socialiste en France se distinguera radicalement de celle de tous les autres pays socialistes existants. Il n'y aura ni parti-État, ni philosophie d'État mais un système politique pluraliste et une neutralité de l'État par rapport à toutes les philosophies, les idéologies et les religions. Rien de ce qui a été acquis par des centaines d'années de luttes ne sera supprimé sur le plan de la démocratie politique et des libertés publiques. Il s'agira d'ajouter et non de retrancher. L'histoire a produit, dans certaines conditions, certaines formes de socialisme. Elles correspondent à un certain type de développement économique, politique, culturel. Ce n'est pas celui de la France, ni celui de l'Europe occidentale, ni celui du Japon. Le P.C.F. propose un système politique qui tient compte des réalités, des nécessités, des traditions françaises.

Le fait qu'il n'y ait jamais eu encore de socialisme qui associe la propriété collective des grands moyens de production et d'échange avec le maintien et l'élargissement des libertés publiques et la démocratie politique ne me semble pas un argument sérieux à opposer aux idées du XXIIe Congrès. C'est tout au plus une difficulté réelle que les adversaires du socialisme peuvent utiliser pour semer le doute dans l'esprit des électeurs. La vérité c'est que le passage du féodalisme au capitalisme a pris des traits différents selon les époques et les pays. Il n'a pas été le même dans l'Angleterre du XVIIe siècle, dans la France de la fin du XVIIIe, aux États-Unis à la même époque, en Allemagne ou en Italie ou au Japon au XIXe siècle. Le mode de production capitaliste a donné naissance à des systèmes politiques très variés voire même opposés. Pourquoi n'en serait-il pas de même pour le mode de production socialiste ?

Quant au parti-État, au parti-idéologie d'État, au parti-société, nous nous sommes expliqués clairement au sujet de ces différentes façons de présenter le P.C.

Il reste, Georges Marchais le rappelait nettement au XXIIe Congrès, que le P.C. entend demeurer un parti d'avant-garde et exercer une influence dirigeante. De nombreux commentateurs ont interprété cette déclaration comme étant en contradiction avec la ligne générale du XXIIe Congrès.

A mon sens, c'est là une erreur fondamentale. Le rôle d'avant-garde que le P.C. déclare jouer ne provient pas d'une vocation divine qui lui permettrait de le tenir. On a pu le penser un peu dans le passé, mais ce n'est plus possible aujourd'hui. Le P.C. est passé de l'âge théologique à l'âge politique.

Ce rôle d'avant-garde ou cette influence dirigeante proviennent et proviendront de la place réelle que le P.C. occupe dans la société française en raison de son histoire, de ses spécificités, de son activité et non pas du tout d'un décret ou d'un coup de force. Cela est ainsi et le restera précisément parce que le système politique qu'il préconise associera en France les libertés publiques et la démocratie avec le socialisme. Que le P.C. joue son rôle, tout son rôle, mais rien que son rôle, quoi de plus normal?

Georges Marchais le rappelait au XXIIe Congrès, « Exercer une influence dirigeante, c'est l'ambition légitime de tout parti politique. Pourquoi les autres pourraient-ils être animés de cette ambition et pas nous[4]? » Mettons les points sur les i. L'influence dirigeante du P.C., ce n'est pas le rôle dirigeant du P.C. Ce rôle dirigeant de la classe ouvrière dans l'alliance historique que propose le P.C. pour construire le socialisme, l'Union du peuple de France, ce n'est pas plus le rôle dirigeant du P.C. et en particulier pas tel qu'il s'exerce en U.R.S.S., en Pologne ou ailleurs.

Hugues Portelli, dans un article récent[5], écrit : « Certes, le P.C.F. élargit comme le P.C.I. (le parti communiste italien, N.D.L.R.) la base de classe de l'alliance réalisée autour de la classe ouvrière, renonce à l'usage de la coercition mais contrairement au P.C.I. ne renonce en rien à ses prétentions d'apparaître comme l'unique représentant et porte-parole d'une classe ouvrière qui reste classe hégémonique : le refus du pluralisme de représentation comme de la moindre référence à la démocratie

---

4. XXIIe Congrès du P.C.F.. *op. cit.*, p. 60.
5. *Projet*, n° 106, « La voie nationale des P.C. français et italien », p. 671.

directe aboutit indirectement à la théorie du parti tout-puissant. »

Sur l'un et l'autre point, Hugues Portelli n'a pas raison. Le P.C. ne prétend pas représenter toute la classe ouvrière. Il dit simplement qu'il est le seul parti où les ouvriers sont nombreux et occupent une place correspondante à celle qui est la leur dans la nation. Il n'entend pas exercer un monopole de représentation. Le document adopté par le XXIIe Congrès déclare nettement que le P.C. pense « être le seul parti qui réponde pleinement à la volonté de changement aux aspirations révolutionnaires de la jeunesse ». C'est son opinion, il ne l'impose à personne et elle n'a ou n'aura de valeur qu'en tant qu'elle sera reconnue comme vraie par les ouvriers, par les jeunes, par la majorité de notre peuple.

« Le rôle d'avant-garde ne se décrète pas », dit fermement le document du XXIIe Congrès [6].

Quant à la démocratie directe, il faut être clair, le P.C. propose une démocratisation de l'État et de ses institutions à tous les niveaux et un certain nombre de ces idées sont contenues dans le Programme commun.

L'autogestion est une expression très discutable puisqu'elle ne pose pas clairement la question de la propriété : s'agit-il d'autogérer une propriété capitaliste? — ni celle du pouvoir : Y aura-t-il des entreprises autogérées dans le cadre d'une république bourgeoise traditionnelle? Il est cependant impossible d'opposer un socialisme centralisé et bureaucratique — celui que voudrait le P.C. — et un socialisme autogestionnaire, celui que propose le

---

6. Document du XXIIe Congrès. *Cahiers du Communisme, op. cit.*, p. 385.

P.S. Le P.C. a rejeté fermement tout modèle d'organisation socialiste de caractère bureaucratique et centralisé. Il propose au contraire, et le document du XXIIe Congrès y insiste clairement, une gestion démocratique à tous les niveaux. Il y a plus grave encore dans les accusations de Hugues Portelli.

Selon lui, le P.C. serait « encore très centralisé, sectaire et nationaliste [7] » et il qualifie la « nouvelle ligne du P.C. de ligne plutôt roumaine qu'italienne [8] ».

Pour Hugues Portelli le P.C. italien serait, au contraire, « pragmatique, pluraliste, modéré ». Certes, il y a des différences notables de situation historique entre la France et l'Italie mais on doit critiquer fermement cette tentative destinée à opposer les deux P.C. La ligne du P.C.F. — Portelli m'accusera-t-il de nationalisme? — est française. Elle n'est ni roumaine ni italienne mais cela n'empêche ni l'amitié avec le P.C. roumain ni une similitude certaine entre les situations des P.C. français et italien (soulignée au meeting parisien P.C.F.-P.C.I. aussi bien qu'à la conférence de Berlin des P.C. d'Europe).

Enfin, l'expérience française apporte quelque crédibilité à l'affirmation du document du XXIIe Congrès selon laquelle « la possibilité de construire le socialisme en France est très liée à la capacité du parti communiste d'exercer une influence dirigeante dans le mouvement populaire » Hugues Portelli et tous ceux qui s'offusquent de ces idées ne tiennent pas compte de cette phrase qui complète celle que nous reproduisions un peu plus haut. Tout

---

7. Hugues Portelli, *op. cit.*, p. 670.
8. Hugues Portelli, *op. cit.*, p. 672.

dépend de la capacité du P.C.F. car le rôle d'avant-garde ne se décrète pas. S'il n'y avait pas eu un P.C. influent et actif y aurait-il eu le « programme commun »? Toute l'histoire des quinze dernières années montre que non.

*****

Le P.C. entend être un parti d'avant-garde et un parti de masse. C'est ce qu'il s'efforce d'être depuis le Front populaire et c'est ce qu'il est dans une certaine mesure.

Avec 500 000 adhérents, c'est déjà un parti de masse, mais il est vrai qu'il a été, pour des raisons historiques (la guerre froide, les guerres coloniales, le stalinisme), plus un parti d'avant-garde qu'un parti de masse.

Une des grandes questions qu'il doit résoudre, c'est de devenir davantage un parti de masse tout en restant un parti d'avant-garde, c'est, nous l'avons vu, le sens de ses efforts à l'heure actuelle.

*****

Ni social-démocrate ni stalinien, le parti communiste français me semble constituer une grande force ouvrière populaire et démocratique, moderne et efficace qui œuvre dans le cadre des institutions françaises pour la transformation socialiste de notre économie et de notre société.

C'est un parti dont l'action se fonde sur la théorie marxiste — le seul dans ce cas dans le cadre de l'union de la gauche.

Georges Lavau [9], dans un texte rédigé en 1968,

9. Le Communisme en France, *Cahiers de la fondation nationale des sciences politiques*, Armand Colin 1969, « le Parti communiste dans le système politique français », p. 26.

caractérisait « le P.C. par sa fonction tribuni-
tienne » qu'il définissait comme « consistant à
organiser et à défendre des catégories sociales
plébéiennes [10] », « c'est la fonction qui définit le
mieux la place tenue par le P.C. dans le système
politique français ».

Georges Lavau ajoutait un peu plus loin : « Le
tribun d'autrefois, retranché dans son rôle de
défenseur, se porte candidat pour un consulat
collectif. » Depuis 1968, les temps ont bien changé
et le parti communiste français également...

Avec l'union de la gauche et le Programme
commun de gouvernement, la perspective d'une
fonction consulaire pour le P.C. apparaît comme
assez proche et comme crédible pour une majorité
de Français, mais le P.C. ne vend pas son âme pour
quelques ministères. Sa participation au pouvoir se
prépare sur des bases claires. Elle entre dans le
cadre d'une stratégie à très long terme dont les
bases ont été mûries à travers des dizaines d'années
d'expériences françaises et internationales.

Le P.C. aujourd'hui n'est pas moins révolutionnaire qu'il ne l'était il y a vingt ans ou quarante ans,
c'est la révolution qui a changé de contenu et de
forme.

Le P.C. se distingue donc très nettement du parti
socialiste dont la doctrine et les contours restent
flous. Certes, le P.S. appartient à l'union de la
gauche et y joue un rôle essentiel du point de vue
électoral mais il existe en son sein des orientations
très diverses [11] parmi lesquelles domine encore

---

10. Dans la Rome antique, les tribuns de la plèbe avaient comme
principale fonction de défendre le peuple en s'opposant aux mesures
arbitraires des magistrats supérieurs.

11. Jean-François Bizot, *Au parti des socialistes. Plongée libre dans les
courants d'un grand parti.* Grasset 1975.

le réformisme, c'est-à-dire cette tendance permanente à se contenter de quelques réformes et à en limiter le champ d'application. Parti non marxiste, le P.S. n'a ni une vraie cohérence, ni une doctrine très précise, ni une stratégie très élaborée.

Ce n'est pas de la sincérité des hommes qu'il s'agit ici, mais simplement de réalités historiquement constituées dont il faut bien prendre conscience pour s'orienter dans la France contemporaine.

Le P.C. se distingue du tout au tout des groupes et organisations « gauchistes » qui ont une conception passéiste ou exotique de la révolution. Leur stratégie est fondée sur une analyse radicalement fausse de la situation actuelle de la France et des perspectives qui s'offrent au mouvement ouvrier.

L'identité du P.C. s'affirme donc clairement dans le panorama politique français. Sa santé semble excellente puisqu'il accroît sensiblement ses effectifs, les rajeunit et les féminise. Les conséquences du XXIIe Congrès ne se sont pas encore fait sentir ni sur le plan électoral ni même encore du point de vue de l'organisation — et cela d'autant plus que les adversaires du P.C. s'emploient à en dénaturer le sens avec l'aide d'une partie importante des grands moyens d'information —, mais les temps en viendront.

Il peut se faire çà et là que des incompréhensions surgissent quant à sa politique et à sa stratégie. Des approfondissements et des ajustements théoriques sur les problèmes de l'État, du passage au socialisme sont nécessaires mais cela ne semble pas l'essentiel de ce qu'il faut retenir de l'étude du P.C. aujourd'hui. Il est arrivé que les auteurs d'ouvrages sur le P.C. analysent d'une façon totalement erronée son évolution.

En 1970, Annie Kriegel écrivait [12] : « Pour l'instant, il y a parallélisme exemplaire entre le néostalinisme de la Russie brejnévienne et celui du P.C. marchaisien. »

En 1976, dans son entretien avec *le Point*, elle déclare [13] : « De toute façon, la crise chronique du P.C. se poursuivra. Dès 1970, j'avais écrit que Marchais avait été choisi par les Soviétiques pour mettre fin aux errements de la période de Waldeck-Rochet. Mais j'ajoutais en même temps que Marchais serait amené à reprendre le fil qu'avait commencé à dérouler Waldeck-Rochet au point exact où celui-ci l'avait laissé tomber. »

En 1970, elle écrivait que « la dictature du prolétariat, en la nommant ou sans la nommer, est le spectre que les communistes ne parviennent pas à exorciser ».

En 1976, elle parle de « la contribution du P.C. à la formidable renaissance du P.S. » et pronostique, en cas d'échec de la stratégie du XXIIe Congrès : « Si les choses devaient mal tourner, les caractéristiques de Marchais, sa brutalité, son insouciance théorique permettraient sans doute un nouveau compromis sur son dos et un retour sans trop de casse à l'orthodoxie. »

Il est dommage que ces différents commentaires ne s'appuient sur rien de sérieux. La politique du XXIIe Congrès n'est pas seulement celle de Georges Marchais, encore qu'il y ait joué un rôle capital et courageux, mais celle de tout le P.C. et de sa

---

12. A. Kriegel, *les Communistes français, op. cit.*, p. 259.
13. *Le Point*, 21 juin 1976, n° 196, p. 133.

direction. Sur 22 705 délégués aux 98 conférences fédérales, 113 ont voté contre l'abandon de « la dictature du prolétariat » et 216 se sont abstenus — soit environ 1,4 % des délégués — Il y a eu beaucoup d'interrogations, cela est vrai parce que c'est une affaire sérieuse et il y en a encore chez quelques-uns — c'est également vrai —, mais les communistes ont « exorcisé le spectre de la dictature du prolétariat » d'une façon claire, honnêtement, sans renoncer aux faux-fuyants, sur une base de principe et pas à l'esbroufe comme on voudrait le faire croire.

Cet abandon « proviendrait, dit Hugues Portelli [14] simplement d'un véritable coup de force de Georges Marchais... qui a limité au maximum une discussion qui aurait pu être gênante ». En fait, ce débat dure depuis 1964 et la discussion a été réelle dans la préparation du XXIIe Congrès dans les cellules, les sections et les fédérations. Elle se poursuit depuis pour l'assimilation et l'enrichissement des travaux du XXIIe Congrès.

Dans l'effort de rénovation et de changement qui est actuellement le sien, le P.C. accorde de plus en plus d'attention aux problèmes nouveaux posés par l'évolution sociologique de la France contemporaine, par les rapports entre différentes catégories de Français (jeunes et vieux, hommes et femmes, cadres et ouvriers, parisiens et provinciaux), par les rapports entre l'homme et la nature et par le cadre de vie.

On remarquera avec intérêt que, quoi qu'il dise et quoi qu'il fasse, le P.C. se heurte toujours aux

14. *Op. cit., Projet,* p. 671.

mêmes adversaires et qu'il est l'objet de critiques identiques. En relisant la presse des années qui précédèrent le Front populaire (1934-1936), on s'aperçoit, à quel point dans des conditions historiques très différentes, les milieux dirigeants de l'époque craignaient les changements profonds que connaissait alors le P.C. Aujourd'hui, un processus est engagé d'une importance décisive pour notre pays et d'une nouveauté qui n'a pas de précédent dans l'histoire. Une grande nation policée de l'Occident, économiquement et culturellement développée va peut-être, dans les années à venir, choisir démocratiquement, librement, pacifiquement, le socialisme.

Les milieux dirigeants s'en inquiètent en France, en Europe, dans le monde et concentrent leurs attaques contre le parti communiste de ce pays, contre le parti qui est à l'origine du Programme commun et qui est le garant le plus sûr de son application.

Les changements du P.C.F. sont réels, sincères et profonds. Il sera de plus en plus difficile à quiconque de les nier et même de les sous-estimer. Le P.C.F. s'engage avec réflexion et pondération sur une voie nouvelle que son expérience antérieure l'avait préparé à suivre. D'autres partis communistes dans des pays voisins, mais dans des conditions nationales différentes en Italie, en Espagne ou plus lointains, au Japon, se sont engagés ou s'engagent sur une route semblable. Personne ne prétend qu'elle soit royale mais l'important c'est qu'elle existe et permette aux sociétés industrialisées de l'occident de résoudre sans heurt trop grave les problèmes que le capitalisme a créés, qu'il a été et qu'il est incapable de résoudre.

QUELQUES COMPLÉMENTS
BIBLIOGRAPHIQUES

R. TIERSKY, *le Mouvement communiste en France, 1970-1972*, Fayard 1973.

R. VERDIER, *P.S.-P.C., une lutte pour l'entente*, Seghers 1976.

ALFONSI et PESNOT, *Vivre à gauche*, Albin Michel 1975.

NEIL MCCINNES, *The Communist Parties of Western Europe*, London 1975.

FRANÇOIS FEJTÖ, *Dictionnaire des partis communistes et des mouvements révolutionnaires*, 1970.

JEAN POPEREN, *l'Unité de la gauche 1965-1973*, Paris 1975 (Fayard).

E. BALIBAR, *Sur la dictature du prolétariat*, Paris 1976 (Maspero).

WALDECK-ROCHET, *Écrits politiques*, éditions sociales, 1976.

Fernand Dupuy, *le Communisme municipal*, Paris 1975.

Jean-François Bizot, *Au parti des socialistes, Plongée libre dans les courants d'un grand parti,* Grasset 1975.

ANNEXES

Pourcentage d'ouvriers dans les comités fédéraux élus en 1972

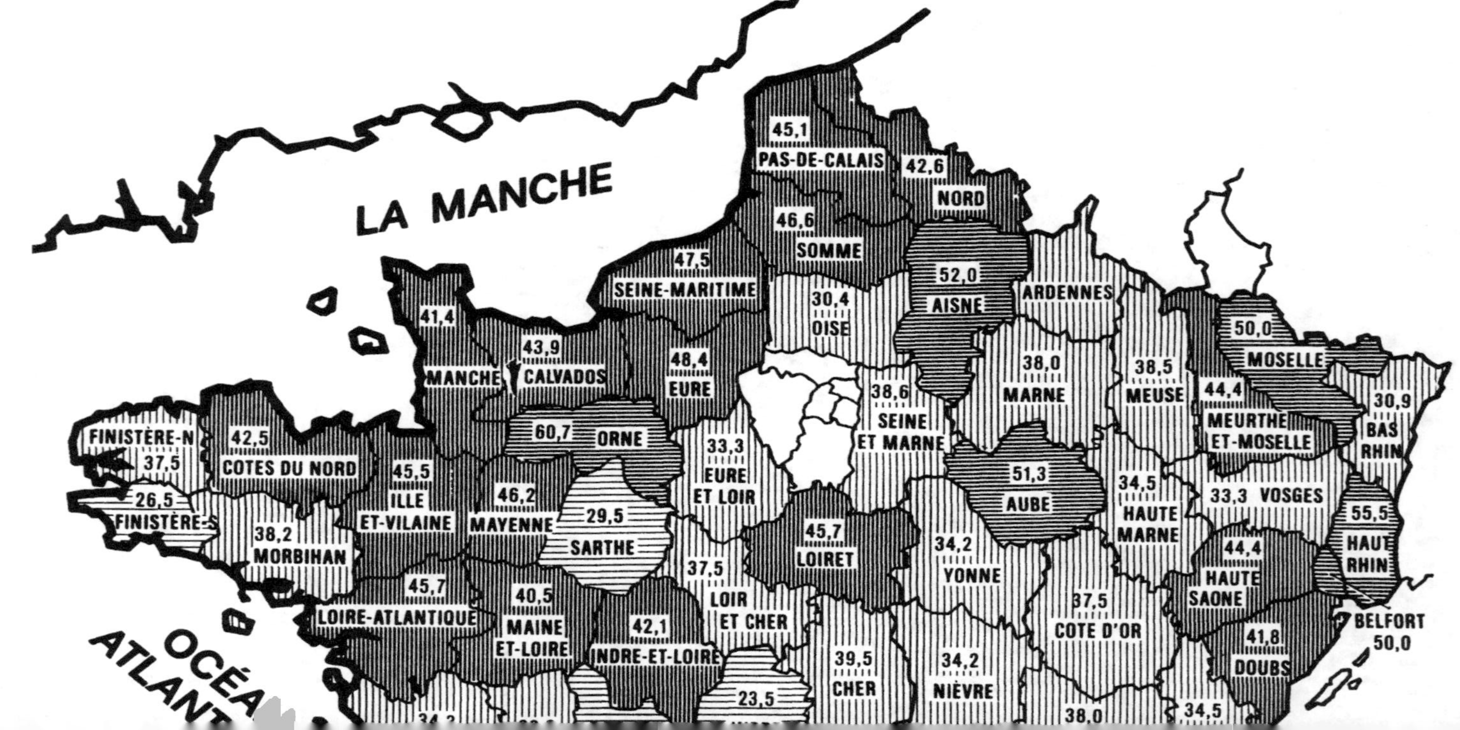

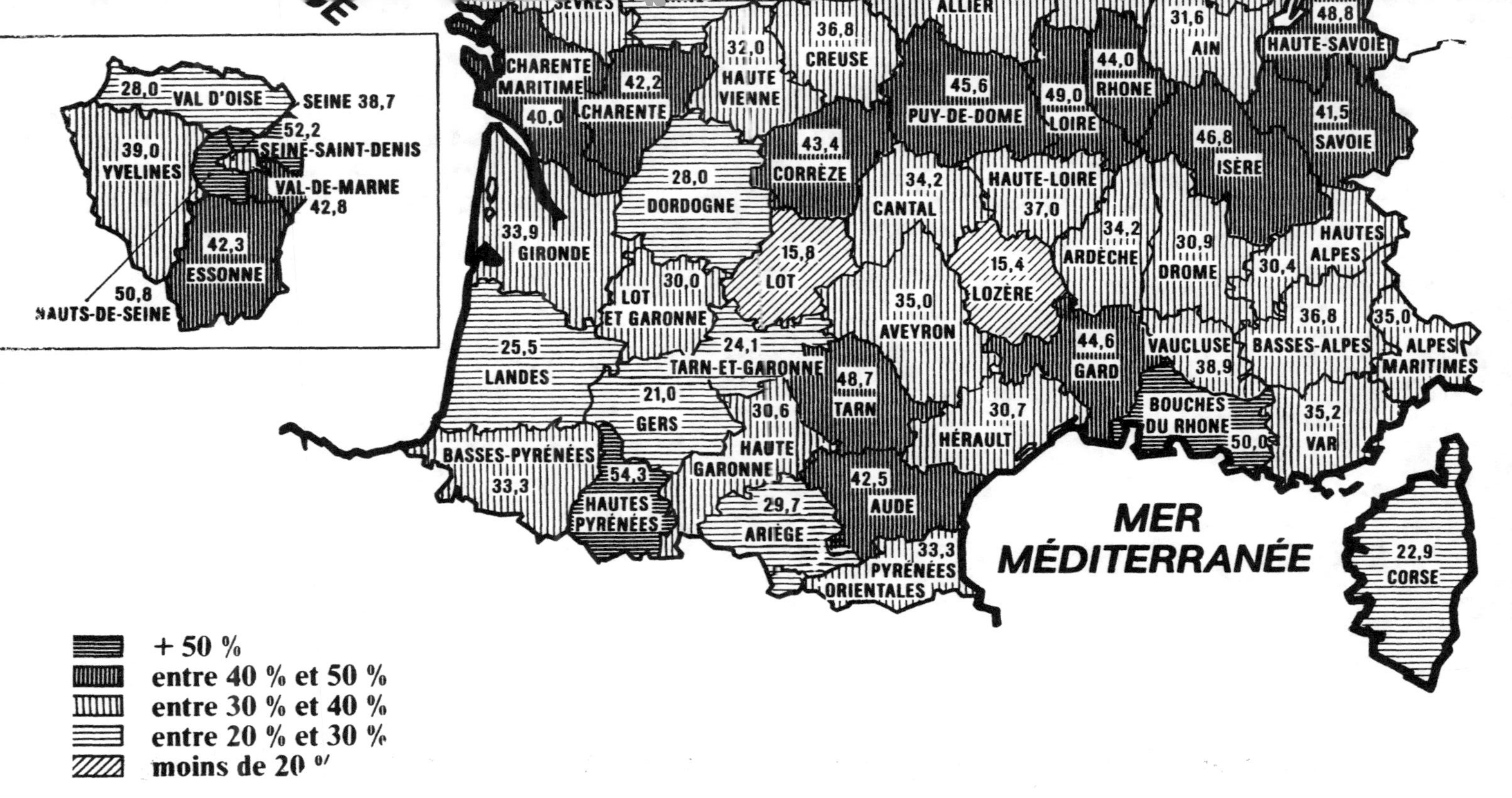

CHARENTE MARITIME 40,0
CHARENTE 42,2
HAUTE VIENNE 32,0
CREUSE 36,8
ALLIER
AIN 31,6
HAUTE-SAVOIE 48,8
CORRÈZE 43,4
PUY-DE-DOME 45,6
RHONE 44,0
LOIRE 49,0
SAVOIE 41,5
DORDOGNE 28,0
CANTAL 34,2
HAUTE-LOIRE 37,0
ISÈRE 46,8
GIRONDE 33,9
LOT 15,8
LOZÈRE 15,4
ARDÈCHE 34,2
DROME 30,9
HAUTES ALPES 30,4
LOT ET GARONNE 30,0
AVEYRON 35,0
VAUCLUSE 36,8
BASSES-ALPES 35,0
ALPES MARITIMES
LANDES 25,5
TARN-ET-GARONNE 24,1
GARD 44,6
38,9
VAR 35,2
GERS 21,0
TARN 48,7
HÉRAULT 30,7
BOUCHES DU RHONE 50,0
BASSES-PYRÉNÉES 33,3
HAUTES PYRÉNÉES 54,3
HAUTE GARONNE 30,6
ARIÈGE 29,7
AUDE 42,5
PYRÉNÉES ORIENTALES 33,3
MER MÉDITERRANÉE
CORSE 22,9
VAL D'OISE 28,0
SEINE 38,7
SEINE-SAINT-DENIS 52,2
YVELINES 39,0
VAL-DE-MARNE 42,8
ESSONNE 42,3
HAUTS-DE-SEINE 50,8
+ 50 %
entre 40 % et 50 %
entre 30 % et 40 %
entre 20 % et 30 %
moins de 20 %

ANNEXE N° 1

Implantation du P.C.F. dans les entreprises de plus de 5 000 travailleurs à la fin de 1975 [1]

Fédérations	Entreprises	Salariés	Adhérents	Cellules	Sections
Bouches-du-Rhône	Sud Aviation	6 580	116	6	
	La Ciotat	5 000	170	9	
	*Solmer	6 000			
Calvados	*Saviem	6 600	54	4	1
	S.M.N.	6 200	55	7	
Doubs	*Peugeot	34 585	350	21	1
Finistère Nord	Arsenal	8 000	100	8	
Haute-Garonne	*S.N.I.A.S.	8 000	230	13	1
Ille-et-Vilaine	Citroën	11 545	8	1	
Isère	*Merlin Gérin	7 713	149	10	1
Loire	*Creusot	5 117	190	12	1
Loire-Atlantique	*Chantiers	9 774	74	4	1
Manche	Arsenal	5 000	52	4	
Meurthe-et-Moselle	*Usinor	7 600	220	20	1
Moselle	Sollac	12 750			
	*Sacilor G.	14 000	75	4	1
	Sacilor H.	5 308			
Nord	*Lainière	5 000	42	1	
	*Usinor D.K.	12 300	79	11	1
	Usinor Denain	8 000	45	1	
Pas-de-Calais	Verrerie	5 000			
Puy-de-Dôme	*Michelin	27 000	230	27	1
Saône-et-Loire	*Creusot	8 753	214	13	1
Haut-Rhin	*Peugeot	11 000	54	10	1
Rhône	*Berliet	15 000	430	32	1
Sarthe	*Renault	9 494	250	18	1
Seine-Maritime	Sandouville	9 350	80	6	1
	*Cléon	7 600	120	7	1
Var	*Arsenal	8 800	268	17	1
	C.N.I.M.	5 200	230	11	1
Belfort	*Alsthom	8 518	121	7	1
Essonne	*C.E.A.	8 000	132	10	1
	*S.N.E.C.M.A.	5 180	180	12	1
Seine-Saint-Denis	*Citroën	5 000	9	1	
Yvelines	Simca	22 500	14	1	
	*Renault Flins	20 800	197	15	1
Val-de-Marne	*Orly	25 000	525	45	1
Hauts-de-Seine	Citroën	5 000	25	1	
	*Chausson	7 500	317	11	1
	*Renault	30 000	2 108	87	1
Paris	*Crédit Lyonnais	6 000	86	4	1
	*Gare du Nord	6 300			
	(dont P.T.T.)	1 918	192	18	1
	*Chèques Postaux	10 000	208	10	1
	*Printemps	8 000	65	2	
	*Bull	5 000	14	1	
	Palais de Justice	5 200	82	3	
	Banque de France	5 000	33	2	
	Ministère Finances	5 000	56	3	
	Faculté Sciences	6 000	223	12	
	Ministère Intérieur	5 000	3	1	
	C.H.U. Salpêtrière	8 000	82	8	
	Sécurité Sociale	6 000	42	3	
	B.N.P.	5 000	75	5	
	Métro	12 500	429	33	
	Galeries Lafayette	6 000			
	Citroën	5 000			
	C.R.A.M.P.	5 000			
	Gare de l'Est	5 700	199	12	
	Gare de Lyon	7 900	539	27	
	Gare d'Austerlitz	8 000	337	17	
soit	60 entreprises	562 285	10 178	627	78

* Entreprise faisant partie des 43 entreprises en liaison directe avec le Comité central.
Source : secteur entreprises du P.C.F.
1 Publié par K. Evin et R. Cayrol « Les partis dans les entreprises ». *Projet*. p. 640.

ANNEXE Nº 2

Composition du XXIIe Congrès

Nombre de délégués : 1 522, dont 484 femmes (31,8 %).
Moyenne d'âge : 32 ans 1/2.

Composition sociale et activités professionnelles

	Total	Femmes	%
Classe ouvrière : 709, soit 46,58 % :			
Ouvriers professionnels	481	32	31,6
Ouvriers spécialisés	175	69	11,5
Manœuvres	9	2	0,6
Ouvriers agricoles	9	1	0,6
Techniciens de fabrication	35	2	2,3
Employés	331	194	21,7
Techniciens d'études	51	7	3,4
Ingénieurs	15	0	1,0
Cadres moyens	41	14	2,7
Cadres supérieurs	6	1	0,4
Professions libérales	21	5	1,4
Enseignants :			
Primaire	75	31	4,9
Secondaire	79	33	5,2
Supérieur	20	4	1,3
Technique	11	4	0,7
Étudiants, lycéens	31	17	2,0
Fermiers-Métayers	13	1	0,9
Expl. agricoles, propriétaires	38	9	2,5
Commerçants, artisans	13	3	0,9
Ménagères	45	45	3,0
Secteur privé	680, soit 44,67 %		
Secteur public	370, soit 24,31 %		
Secteur nationalisé	152, soit 9,98 %		

Source : *Cahiers du communisme.* Nº 2/3-1976 extrait du rapport de Claude Poperen. pp 230-232.

	Total	Femmes
Métallurgie	356	59
Sidérurgie	24	2
Bâtiment	81	6
Chimie	43	5
Textiles	42	10
Alimentation	19	8
Commerce	30	18
Agriculture	75	15
Enseignants	185	72
Autres services publics	95	51
Santé	62	39
P.T.T.	54	12
Autres fonctionnaires	31	11
S.N.C.F.	65	—
E.D.F.-G.D.F.	30	5
Mines	16	1

Délégués travaillant dans les entreprises de :

	Total	Femmes
501 à 1 000 salariés	163	37
1 001 à 2 000 salariés	167	35
2 001 à 5 000 salariés	105	18
Plus de 5 000 salariés	72	13

Répartition des délégués par cellule

Entreprises (dont Enseignement : 91)	903
Locales	503
Rurales	116

Age et date d'adhésion au Parti

	Total	Femmes	%
Age des délégués :			
Moins de 20 ans	37	22	2,4
20 à 24 ans	257	108	16,9
25 à 29 ans	443	143	29,1
30 à 39 ans	470	147	30,9
40 à 49 ans	209	53	13,7
50 à 59 ans	89	10	5,8
Plus de 60 ans	17	1	1,1
Adhésion :			
1920 à 1944	77	3	5,1
1945 à 1957	184	40	12,1
1958 à 1967	328	80	21,6
1968 à 1972 (XXe Congrès)	475	154	31,2
Depuis le XXe Congrès	458	207	30,09

Responsabilités

	Total	Femmes
Responsabilités des délégués :		
Comité fédéral	767	190
Comité de section	1 085	345
Secrétaire de cellule	409	137
Bureau de cellule	364	121
Sans responsabilité	70	41
Mandats électifs :		
Députés	19	2
Sénateurs	2	1
Conseillers généraux	35	2
Maires	12	2
Adjoints	21	7
Conseillers municipaux	59	13

Écoles du Parti

	Total	Femmes
Écoles suivies :		
Élémentaires	959	316
Fédérales	848	260
Centrales 1 mois	450	89
Centrales 4 mois	228	30
Aucune école	283	89

ANNEXE N° 3

Renseignements complémentaires sur la composition des Congrès

	XIXe	XXe	XXIe	XXIIe
Nombre de femmes (en %)	21,7	27,3	29,4	31,1
Nombre de délégués appartenant à des cellules d'entreprise	468	560	676	903
Nombre d'ouvriers (en %)	46	43,3	44,8	46,5

ANNEXE N° 4

Membres du Bureau politique

Secrétariat	Dates					Profession
	Adhésion P.C.	Comité Central	Bureau politique		Date de naissance	
			Suppléant	Titulaire		
Georges Marchais	1947	1956	1959	1961	1920	Ouvrier métallurgiste
Paul Laurent	1946	1956	1961	1964	1926	Agent technique
Roland Leroy	1943	1956	1964	1967	1926	Cheminot
René Piquet	1951	1961	1964	1967	1932	Mécanicien
Gaston Plissonnier	1935	1954	1964	1967	1913	Paysan
Jean Colpin	1952	1970	1972	1976	1930	Employé
Charles Fiterman	1951	1972	1976	—	1934	Ouvrier électricien
Gustave Ansart	1944	1954	1961	1964	1923	
Mireille Bertrand	1959	1970	1972	1976	1942	Aide-chimiste
Guy Besse	1943	1956	1967	1970	1918	Professeur
Jacques Chambaz	1945	1961	1974	1976	1923	Professeur
Étienne Fajon	1927	1932	1945	1947	1906	Instituteur

Guy HERMIER	1958	1967	1972	1976	1940	Professeur
Jean KANAPA	1944	1959	1975	1976	1921	Professeur
Henri KRAZUCKI	1940	1956	1964	1967	1924	Ouvrier
Claude POPEREN	1949	1967	1970	1972	1931	Ouvrier métallurgiste
Georges SÉGUY	1943	1954	1956	1964	1926	Cheminot
André VIEUGUET	1942	1959	1967	1970	1917	Instituteur
Madeleine VINCENT	1938	1954	1970	1972	1921	Employée
Maxime GREMETZ	1958	1972	1976	—	1941	Ouvrier métallurgiste
André LAJOINIE	1948	1972	1976	—	1930	Paysan

ANNEXE N° 5

Membres titulaires du Comité central

Membres	Adhésion	Date élection au C.C.	Date de naissance	Profession	Responsabilité
Yvonne ALLÉGRET	1950	1972	1933	Employée	Secrétariat Drôme
Robert ALLIONE	1950	1972	1930	Empl. de banque	Secrétariat Bouches-du-Rhône
Edmond AMIABLE	1950	1970	1933	Ajusteur	Secrétaire U.D. C.G.T. des Hauts-de-Seine
René ANDRIEU	1942	1961	1920	Professeur	Rédacteur en chef, *l'Humanité*
Louis ARAGON	1927	1950	1897	Écrivain	
Louis BAILLOT	1944	1961	1925	Ingénieur	Responsable : Armée
Robert BALLANGER	1932	1959	1912	Employé	Président du groupe parlementaire du P.C. à l'A.N.
Jean BARRIÈRE	1953	1972	1930	Chaudronnier	Secrétaire fédéral Gironde
François BILLOUX	1920	1926	1903	Employé	Directeur *France-Nouvelle*
Paul BOCCARA	1952	1972	1932	Professeur	Rédacteur en chef *Économie et Politique*
Robert BOULES	1955	1967	1935	Ajusteur	Secrétaire fédéral Haute-Garonne
Auguste BRUNET	1941	1956	1921	Maçon	Secrétaire fédéral Lot-et-Garonne

Membres	Adhésion	Date élection au C.C.	Date de naissance	Profession	Responsabilité
Arthur BUCHMANN	1945	1964	1924	Chaudronnier	Secrétaire Moselle
Jean BURLES	1935	1954	1916	Ajusteur	Directeur de l'Institut Maurice Thorez.
Jean CAPIÉVIC	1944	1961	1923	Ajusteur	Secrétaire fédéral du Rhône
Charles CARESSA	1946	1972	1931	Ouvrier du bât.	Secrétaire fédéral Alpes-Maritimes
Antoine CASANOVA	1953	1972	1936	Professeur	Rédacteur en chef de *La Pensée*
Jean-Michel CATALA	1959	1972	1942	Journaliste	Secrétaire général du Mouvement de la Jeunesse Communiste
Paul CHASTELLAIN	1942	1964	1923	Ajusteur	Secrétaire fédéral Hautes-Pyrénées
Georges CHIRIO	1944	1967	1924	Fraiseur	Collaborateur du Comité central
Colette COULON	1951	1970	1930	Secrétaire	Commission féminine
Albert DE BOSSCHÈRE	1948	1972	1930	Fraiseur	Secrétaire Nord
Danielle DEMARCH	1954	1972	1939	Employée	Secrétaire Var
Jacques DENIS	1938	1961	1923	Peintre en bât.	Section politique étrangère
Jean DRÉANT	1944	1967	1927	Cheminot	Responsabilités syndicales
Raymond DUMONT		1964	1927	Instituteur	Secrétaire Pas-de-Calais
Jean FABRE	1952	1967	1922	Économiste	Directeur d'*Économie et Politique*
Roland FAVARO	1955	1970	1937	Chaudronnier	Secrétaire Meurthe-et-Moselle
Henri FIZBIN	1946	1937	1931	Tourneur	Secrétaire Paris
Georges FRISCHMANN	1944	1950	1919	Employé P.T.T.	Responsabilités syndicales
Paul FROMONTEIL	1947	1970	1931	Professeur	Secrétariat Georges Marchais

Nom				
Jean GARCIA	1945	1970	1925	Employé	Secrétaire Seine-Saint-Denis
Jacqueline GELLY		1964	1929	Employée	Secrétaire Union des femmes françaises
Pierre GENSOUS	1945	1970	1925	Tourneur	Secrétaire de la Fédération syndicale mondiale
Georges GOSNAT	1933	1954	1914	Employé	Trésorier du P.C. responsable du Bureau de presse
Marie-Thérèse GOUTMANN	1951	1972	1933	Institutrice	Présidente
Marcel GUINTARD	1956	1972	1938	Ouvrier agricole	Secrétaire Vendée
Raymond GUYOT	1920	1932	1903	Comptable	Mouvement de la Paix
Philippe HERZOG	1965	1972	1940	Maître de conférence Université	Rédacteur en chef d'*Économie et Politique*
François HILSUM	1944	1967	1930	Chaudronnier	Secrétaire Yvelines
Jacquie HOFFMANN	1960	1972	1943	Ouv. soudeuse	Direction Fédération Yvelines
Pierre JUQUIN	1953	1964	1930	Professeur	Responsable secteur Cadre de Vie
Robert LAKOTA	1945	1961	1925	Ajusteur	Secrétaire fédération de l'Essonne
Georges LANOUE	1965	1972	1940	Cheminot	Responsabilités syndicales
Julien LAUPRÈTRE	1943	1964	1926	Tailleur de glace	Secrétaire général du Secours populaire
Francette LAZARD	1952	1970	1937	Professeur	Rédacteur en chef adjoint de *l'Humanité*
Georges LAZZARINO	1943	1956	1921	Traçeur	Secrétaire Bouches-du-Rhône
Roger LECLERC	1944	1964	1925	Paysan	Secrétaire Loir-et-Cher
André LEFRÈRE	1951	1972	1937	Ouvrier Haute-couture	Directeur Paris

Membres	Adhésion	Date élection au C.C.	Date de naissance	Profession	Responsabilité
Paul LE GALL	1944	1964	1926	Maçon	Secrétaire Finistère-Sud
René LE GUEN	1944	1970	1921	Ingénieur	Responsable cadres C.G.T.
Louis LE ROUX	1945	1970	1930	Monteur en chauffage	Secrétaire Finistère-Nord
Henri MALBERG	1946	1972	1930	Ouvrier fraiseur	Directeur-adjoint *France-Nouvelle*
Jean MALVASIO	1945	1972	1929	Ouvrier du bât.	Secrétaire Seine-Maritime
Henri MARTIN	1948	1956	1927	Ajusteur	Secteur éducation
Maurice MARTIN	1945	1967	1928	Cheminot	Secrétaire Aude
Jean METZGER	1958	1972	1938	Programmateur	Secrétaire Calvados
Robert MONTDARGENT	1958	1970	1935	Ouvrier tailleur	Secrétaire Val-d'Oise
Gisèle MOREAU	1958	1972	1941	Empl. de banque	Direction Paris
René NOZERAN	1936	1970	1921	Professeur	Directeur-adjoint C.E.R.N.
Annie PERRONNET	1961	1972	1945	Dactylo	Direction Nord
Guy POUSSY	1950	1970	1934	Tourneur	Secrétaire Val-de-Marne
Pierre PRANCHÈRE	1943	1964	1927	Paysan	Député de la Corrèze
Marcel RIGOUT	1944	1961	1929	Tanneur	Directeur de *la Marseillaise du Centre.*
Paul ROCHAS	1946	1970	1927	Métallo	Secrétaire Isère
Henri ROL-TANGUY	1932	1964	1908	Métallo	Collaborateur Comité central
Marcel ROSETTE	1942	1961	1927	Métallo	Responsable Municipalités
Jacques ROUX	1951	1964	1923	Prof. Médecine	
Joseph SANGUEDOLCE	1935	1954	1918	Mineur	Responsabilités syndicales

Lucien Sève	1950	1961	1928	Prof. Philo.	Directeur Éditions sociales
Pierre Sotura	1947	1970	1931	Fraiseur	Secrétaire Hauts-de-Seine
Marcel Trigon	1951	1972	1935	Empl. de banque	Secteur municipalités
M.-Cl. Vaillant-Couturier	1934	1945	1912	Photographe	Députée
Georges Valbon	1944	1970	1925	Typographe	Direction Seine-Saint-Denis
Yann Viens	1951	1967	1934	Employé	Directrice-adjointe C.E.R.M.
Marcel Zaidner	1948	1964	1930	Fraiseur	Responsable de la section des cadres au Comité central

Membres suppléants du Comité central

Sylvaine Ainardi	1965	1976	1949	Éducatrice	Directrice de *l'Avant-Garde*
Auguste Bechler	1960	1976	1931	Aide-chimiste	Secrétaire Haut-Rhin
Alain Bocquet	1964	1976	1947	Employé	Secrétariat du Nord
Arlette Boileau	1970	1976	1950	Ouvrière Textile	Secrétariat de l'Aube
Hélène Constans	1951	1976	1930	Professeur	Députée Haute-Vienne
Félix Damette	1954	1976	1937	Professeur	Secteur régions
Michel Dufour	1959	1976	1941	Instituteur	Responsable enseignement
Guy Fernandez	1958	1976	1943	Ajusteur	Secrétaire Yonne
Paulette Fost	1956	1976	1938	Dactylo	Direction Seine-Saint-Denis
Aimé Halbeher	1956	1976	1936	Ajusteur	Secrétaire Renault
François Hincker	1955	1976	1937	Professeur	Rédacteur en chef *Nouvelle Critique*
Jeanine Jambu	1962	1976	1943	Dactylo	Direction Hauts-de-Seine
Jean-Claude Lefort	1963	1976	1945	Dessinateur	Collaborateur Comité central
Daniel Lemeur	1956	1976	1941	Ouvrier O.S.	Député Aisne
Claude Llabres	1958	1976	1939	Dessinateur	Secrétariat Haute-Garonne
René Lomet	1954	1976	1933	Cleur P.T.T.	Militant syndicaliste
Jean-Paul Magnon	1960	1976	1945	Ajusteur	Secrétariat Rhône

Membres	Adhésion	Date élection au C.C.	Date de naissance	Profession	Responsabilité
France MERLIN	1972	1976	1946	Ouvrière	Militante syndicaliste Hauts-de-Seine
Henriette POIRIER	1955	1976	1937	Institutrice	Secrétariat Gironde
Jeanine PORTE	1953	1976	1934	Couturière	Secrétariat Bouches-du-Rhône
Yves ROY	1961	1976	1943	Ajusteur	Secrétaire Aube
Michèle SAUREL	1961	1976	1943	Paysanne	Secrétariat Aveyron
Louis VIANNET	1953	1976	1933	Empl. P.T.T.	Militant syndicaliste Paris
Michel WARCHOLAK	1950	1976	1933	Chaudronnier	Militant syndicaliste Paris

Commission centrale de contrôle financier

Membres	Adhésion	Date élection au C.C.	Date de naissance	Profession	Responsabilité
Henri COSTA	1951	1976	1935	Ouv. bonnetier	Secrétaire Pyrénées-Orientales
Armand GUILLEMOT	1946	1964 [1]	1928	Chaudronnier	Secrétaire Morbihan
Jacques RIMBAULT	1944	1964 [2]	1931	Outilleur	Secrétaire Cher
Raymond TREPPO	1942	1970 [3]	1923	Métallo	Collaborateur du Comité central
Jacques TRICART	1944	1956 [4]	1915	Cultivateur	

1. Élu au Comité central en 1964 et à la Commission centrale de contrôle financier en 1976.
2. *Ibid.*
3. Élu au Comité central en 1970 et à la Commission centrale de contrôle financier en 1976.
4. Élu au Comité central en 1956 et à la Commission centrale de contrôle financier en 1964.

ANNEXE N° 6

Dates d'élection des membres du Comité Central

Congrès	Dates	Nouveaux élus	Toujours membre du C.C. en 1976	Nombre total
XXIIe	1976	24	24	121
XXe	1972	21	21	118
XIXe	1970	22	21	107
XVIIIe	1967	11	10	96
XVIIe	1964	23	11	93
XVIe	1961		10	
XVe	1959		3	
XIVe	1956		7	
XIIIe	1954		6	
XIIe	1950		2	
XIe	1947		—	
X^e	1945		1	
Avant-guerre ...			3	

ANNEXE N° 7

Résultat des dernières élections législatives

	1967		1968		1973	
	Voix	%	Voix	%	Voix	%
P. C.	5 039 412	22,51	4 434 382	20,05	5 026 417	21,29
P. S.[1]	4 224 110	18,96	3 660 250	16,53	4 523 399	19,16
Extrême-gauche (y compris P.S.U.)	495 412	2,21	873 581	3,95	776 717	3,29
Divers gauches	319 651	1,42	163 482	0,74	649 855	2,75
Total gauche		45,00		41,24		46,49

1. La Fédération de la gauche (socialistes et radicaux) présentait des candidats communs en 1967 et 1968. En 1973, c'était devenu l'union de la gauche socialiste.

Élections cantonales de 1976

Elles portent sur 16 616 896 inscrits et 1 863 sièges.
Votants : 10 844 656.   Abstentions : 34.74 %.

	Voix	%	Nombre de candidats
P.C.	2 409 040	22,82	1 835
P.S.	2 773 786	26,28	1 586
R.G.	253 158	2,39	231
E.G.	86 141	0,81	286
Divers gauches	425 485	4,05	432
		56,36	

ANNEXE N° 8

L'électorat communiste depuis 1920

	Inscrits	Exprimés	P.C.F.	Exprimés (%)
1924	11 070 360	9 191 809	875 812	9,5
1928	11 395 760	9 351 479	1 063 943	11,3
1932	11 561 391	9 445 903	794 883	8,4
1936	11 768 491	9 687 519	1 487 336	15,3
1945	24 622 862	19 189 799	5 005 336	26
2 juin 1946 ..	24 696 949	19 880 781	5 199 111	26,1
10 nov. 1946 .	25 052 233	19 203 070	5 489 288	28,6
1951	24 530 523	19 129 547	4 910 547	25,6
1956	26 772 225	21 490 886	5 532 631	25,7
1958	27 244 729	20 492 371	3 822 204	18,9
1962	27 535 019	18 329 986	3 992 431	21,7
1967	28 300 936	22 389 514	5 039 032	22,5
1968	28 171 635	22 138 657	4 435 357	20,3
1973	29 723 551	24 144 996	5 026 417	21,29

ANNEXE N° 9

Influence électorale du P.C. par régions

Premier tour. Élections 1973

Régions	%
Limousin	29,8
Languedoc-Roussillon	28,7
Provence-Côte d'Azur	28,2
Picardie	28
Région parisienne	27,1
Nord	27
Haute-Normandie	25,4
Champagne-Ardennes	22,4
Centre	21,4
Auvergne	20,2
Rhône-Alpes	19,7
Bourgogne	19,2
Poitou-Charente	18
Aquitaine	17,5
Lorraine	16,9
Midi-Pyrénées	16,2
Bretagne	15,4
Franche-Comté	14
Pays de la Loire	11,9
Basse-Normandie	11,8
Alsace	7,9

ANNEXE N° 10

Municipalités à direction communiste
dans les villes de plus de 30 000 habitants

Tableau valable jusqu'aux élections municipales de 1977

Région parisienne : 34

Hauts-de-Seine :

Bagneux	Levallois-Perret
Colombes	Malakoff
Gennevilliers	Nanterre

Plessis-Robinson

Seine-Saint-Denis :

Aubervilliers	Montreuil
Aulnay-sous-Bois	Noisy-le-Sec
Bagnolet	Pantin
Blanc-Mesnil	Rosny-sous-Bois
Bobigny	Saint-Denis
Drancy	Saint-Ouen
La Courneuve	Stains

Val-de-Marne :

Champigny	Ivry
Choisy-le-Roi	Orly
Fontenay-sous-Bois	Villejuif

Vitry

Val-d'Oise :

Argenteuil   Garges-lès-Gonesse   Sarcelles

Yvelines :   Sartrouville

Essonne :

Corbeil   Savigny

Province : 16

Bouches-du-Rhône :
Arles   Martigues   Aubagne

Cher :   Vierzon

Gard :
Alès   Nîmes

Hérault :   Sète

Isère :   Saint-Martin-d'Hères

Haute-Marne :   Saint-Dizier

Pas-de-Calais :   Calais

Rhône :   Vénissieux

Seine-Maritime :
Dieppe   Le Havre   St-Étienne-du-Rouvray

Somme :   Amiens

Var :   La Seyne

ANNEXE Nº 11

Fédération du Pas-de-Calais
Composition sociale des nouveaux adhérents 1975 [1]

Statistiques portant sur les 1 289 questionnaires entièrement remplis

	Nombre de questionnés	% 1975	% de 1972-1973-1974
Hommes	858	66,5	69,24-68,91-70,4
Femmes	431	33,5	30,76-31,09-29,6
Statistiques par âge			
Moins de 25 ans	495	38,2	31,96-34,95-34,8
De 26 à 40 ans	435	33,8	40,15-36,69-34,8
De 41 à 60 ans	291	22,5	21,12-21,20-23,4
Plus de 60 ans	68	5,5	6,74- 7,15- 7,0
Statistiques par profession			
Ouvriers	628	49,0	57,73-54,03-51,2
Privé	548	42,8	46,01-45,14-43,3
Public	76	5,9	11,5 - 8,58- 7,6
Agricole	4	0,3	0,22- 0,31- 0,3
Employés	81	6,3	2,54- 7,08- 6,1
Privé	36	2,8	1,88- 3,91- 3,8
Public	45	3,5	0,66- 3,17- 2,3
Ménagères	303	23,4	21,34-21,64-21,8
Retraités	121	9,2	9,07- 9,82-10,8
Étudiants-lycéens	50	3,8	2,65- 2,48- 3,9
Enseignants	31	2,4	3,76- 2,79- 2,2
I.T.C.	14	1,1	0,55- 0,12- 1,4
Commerçants-artisans	13	1,0	1,21- 1,43- 1,5
Agriculteurs	2	0,2	0,11- 0,06- 0,1
V.R.P.	6	0,5	0,11- 0,06- 0,1
P.M.E.	2	0,2	0,11- 0,06- 0,1
Artiste	1		
Chômeurs	39	3,0	0,88- 0,37- 1,0

1. *Source :* Section d'organisation du P.C.F.

 LE P.C.

Nouveaux adhérents 1975
Femmes : composition sociale

Statistiques faites sur la base des questionnaires entièrement remplis

Professions	Nombre de questionnées
Ménagères	303
Ouvrières	34
Secteur privé	32
Secteur public	2
Employées	34
Secteur privé	20
Secteur public	14
Enseignantes	12
Étudiantes-lycéennes	22
Retraitées	13
I.T.C.	1
Commerçantes	4
V.R.P.	2
Chômage	5

ANNEXE N° 12

Hérault : Secteur rural

Statistiques sur le renforcement du Parti au 19 septembre 1975.

CELLULES :
  1974 : 124.
  1975 : 131.

Deux de perdues :
  Lieuran (Boujan).
  Saint-Bauzille-de-Montmel (Castries).

Neuf de créées :
  Tressan (Aniane).
  Causse et Veyran (Boujan).
  Pailhès (Boujan).
  Vendargues (Castries).
  Saint-Bres (Castries).
  Fabrègues (Pignan).
  La Caunette (Olonzac).
  Grabels (La Paillade).
  Murviel-les-Béziers (Boujan – décentralisation).

EFFECTIFS 1974 :
  2 360 cartes placées sur 6 160 dans la Fédé (38 %).
  526 adhésions sur 1 447 dans la Fédé (36 %).

EFFECTIFS AU 19 SEPTEMBRE 1975 :
  2 678 cartes placées sur 6 450 dans la Fédé (40 %).
  654 adhésions sur 1 550 dans la Fédé (42 %).

COMPOSITION :
  199 femmes sur 521 adhésions, soit 38,2 % (*total Fédé : 465 sur 1 231, soit 37 %*).
  Sur ces 199 femmes :
    67 salariées (33,67 %).
    110 S.P. (55,28 %).
    22 étudiants-lycéens (11,06 %).

PROFESSION (étude sur 423 professions déclarées) :

    16 viticulteurs.
    20 ouvriers agricoles.
  159 ouvriers industrie.
    41 employés.
    22 artisans-commerçants.
    11 enseignants.
    80 sans profession.
    44 étudiants-lycéens.
    20 retraités-invalides.
    10 divers (médecins, ingénieurs, etc.).

AGES (étude sur 442 chiffres — âges connus) :

Ages	Nombre de questionnés	%
Jusqu'à 20 ans	119	26,9
De 20 à 25 ans	72	16,2
De 25 à 30 ans	59	13,4
De 30 à 40 ans	69	15,6
De 40 à 50 ans	64	14,5
De plus de 50 ans	59	13,3

COMPOSITION SOCIALE MOYENNE DU VILLAGE (actifs) :

Professions	%
Viticulteurs	27
Ouvriers agricoles	18
Ouvriers industriels	26,4
Employés	7

Source : Section d'organisation du parti communiste français.

ANNEXE N° 13

Adhésions Fêtes fédérales 1976
Adhésions Fête fédérale du Parc Chanot
juin 1976, Bouches-du-Rhône

Étude portant sur 402 adhésions.

285 hommes (11 %)
117 femmes (29 %)

Ages	Nombre d'adhérents	%
Moins de 20 ans	145	36
De 20 à 25 ans	127	32
(Moins de 25 ans : 68 %)		
De 25 à 30 ans	74	18
De 30 à 35 ans	25	6
De 35 à 40 ans	9	2
De 40 à 45 ans	8	2
De plus de 60 ans	14	3,5

Professions	Nombre d'adhérents	%
Ouvriers.............................	181	45
Employés	61	15
I.T.C...............................	4	1,2
Enseignants.........................	9	2,2
Lycéens	48	12
Étudiants...........................	47	12
Chômeurs	21	5,3
Sans profession	20	5,3
Retraités	7	1,5
Professions libérales	2	
Artisans	2	
Source : Section d'organisation du P.C.F.		

LE P.C.

Adhésions Fête fédérale, 19-20 juin 1976, Limoges

Étude portant sur 87 adhésions.

        25 femmes :   31,6 %

        50' jeunes (25 ans et moins) : 63,2 %

Professions	Nombre d'adhérents	%
Ouvriers	43	71,7
Employés	14	
Cultivateur	1	
Enseignants	2	
Étudiants	7	
Artisans	2	
Chômeurs	4	
Mères de famille	5	
Soldat	1	
	79	

Adhésions Fête fédérale du Nord

Étude portant sur 128 adhésions.

        109 hommes

        19 femmes (15 %)

Ages	Nombre d'adhérents	%
Moins de 20 ans	81	86,7
De 20 à 25 ans	30	
De 25 à 30 ans	8	
De 30 à 35 ans	3	
Moins de 40 ans	3	
Moins de 50 ans	2	
Plus de 65 ans	1	

Professions	Nombre d'adhérents
Ouvriers (61,7 % P.A.) :	
Automobiles	2
Bâtiment	11
Métallos	16
Mineur	1
Transports	4
Livre	1
Verre	1
Chômeurs	7
Employés :	
Hospitaliers	2
Employés	5
Trésor	1
Horticulteur	1
Divers	20
Cheminots	3
P.T.T.	1
Plombier	1
Pâtissier	1
Apprenti	1
Lycéens	19
Étudiants	9
Militaires	2
Universitaire	1
Étude sur 19 femmes :	
Sans profession	8
Femmes de service	2
Confection	5
Textile	2
Employées	2

Adhésions Fête fédérale, 19-20 juin 1976,
Meurthe-et-Moselle sud

Étude portant sur 116 adhésions :

58 jeunes de moins de 25 ans : 50 %
30 femmes : 25,8 %
Moyenne d'âge : 28 ans

Professions	Nombre d'adhérents	%
Ouvriers	48	57,1
Étudiants, collégiens, lycéens	21	
Employés	26	
Ménagères	4	
Enseignants	3	
I.T.C.	3	
Chômeurs (profession non indiquée)	4	
Artisans	4	
Retraités	3	

Adhésions Fête fédérale des Chartreux (Seine-Maritime)

Étude portant sur 165 adhésions (sur les 172 réalisées).

108 hommes
57 femmes (34,5 %)
Moyenne d'âge : 27,87

Ages	Nombre d'adhérents	%
Moins de 20 ans	55	33,3
De 20 à 30 ans	60	36,4
Total		69,7
De 30 à 40 ans	23	
Plus de 40 ans	27	

Professions	Nombre d'adhérents	%
Manœuvres et O.S.	32	
Ouvriers qualifiés	56	
Total	88	73,3 P.A.
Employés	21	
Enseignants...........................	3	
Commerçants et artisans	2	
Étudiants, lycéens	21	
I.T.C.	6	
Femmes ne travaillant pas	16	
Au chômage	2	
Retraités	3	
Invalidité	1	
Sans précisions (dont un militaire du contingent)............................	2	
Actifs du secteur privé	73	
Actifs du secteur public et nationalisé	47	
Métallos	24	
Bâtiment	8	
Cheminots	8	
Dockers	12	
Employés de commerce	5	
Employés municipaux	6	
Agents hospitaliers	4	
Textile	3	
Pétro-chimie	2	
P.T.T.	2	
Marin	1	
Professions libérales	2	

ANNEXE N° 14

Pourcentage, par catégorie de prix,
des timbres commandés par les fédérations
au Comité central, en 1975

Revenus mensuels	Prix du timbre	%
— de 500 F	1,00	17,53
entre 500 et 1 000	5,00	25,81
1 000 à 1 500	10,00	20,51
1 500 à 2 000	15,00	13,54
2 000 à 2 500	20,00	9,60
2 500 à 3 000	25,00	4,83
3 000 à 3 500	30,00	3,04
3 500 à 4 000	35,00	1,95
4 000 à 4 500	40,00	0,97
4 500 à 5 000	45,00	0,58
5 000 à 5 500	50,00	0,57
5 500 à 6 000	55,00	0,26
6 000 à 6 500	60,00	0,29
6 500 à 7 000	65,00	0,14
7 000 à 7 500	70,00	0,10
7 500 à 8 000	75,00	0,06
8 000 à 8 500	80,00	0,07
8 500 à 9 000	85,00	0,04
9 000 à 9 500	90,00	0,03
9 500 à 10 000	95,00	0,02
10 000 à 10 500	100,00	0,05

+ 20 catégories de 10 500 à 20 000 pour des timbres de 105 à 200 F = 0,01 %.

Source : Trésorerie du P.C.

ANNEXE N° 15

Indications extraites d'une étude sur les lecteurs de *l'Humanité* réalisée en 1975 par le Centre d'études des supports de publicité.

Hommes : 69,6 %
Femmes : 30,4 %

Ages	%
15-17 ans	5
18-20 ans	5,3
21-24 ans	6,3
25-34 ans	19,4
35-49 ans	33
50-64 ans	20
Plus de 65 ans	11

Professions	%
Agriculteurs	1,2
Petits patrons	2,7
Cadres supérieurs	7,7
Cadres moyens	16,3
Employés	13,9
Ouvriers qualifiés	20
Ouvriers spécialisés	9,7
Inactifs	28
Étudiants, militaires ..	11
Ménagères	7,3
Retraités	9,7
Non déclarées	0,6

Niveau d'instruction	%
Primaire	36,1
Primaire supérieur	8,4
Technico-commercial ...	23,2
Secondaire	15,9
Supérieur	16,4

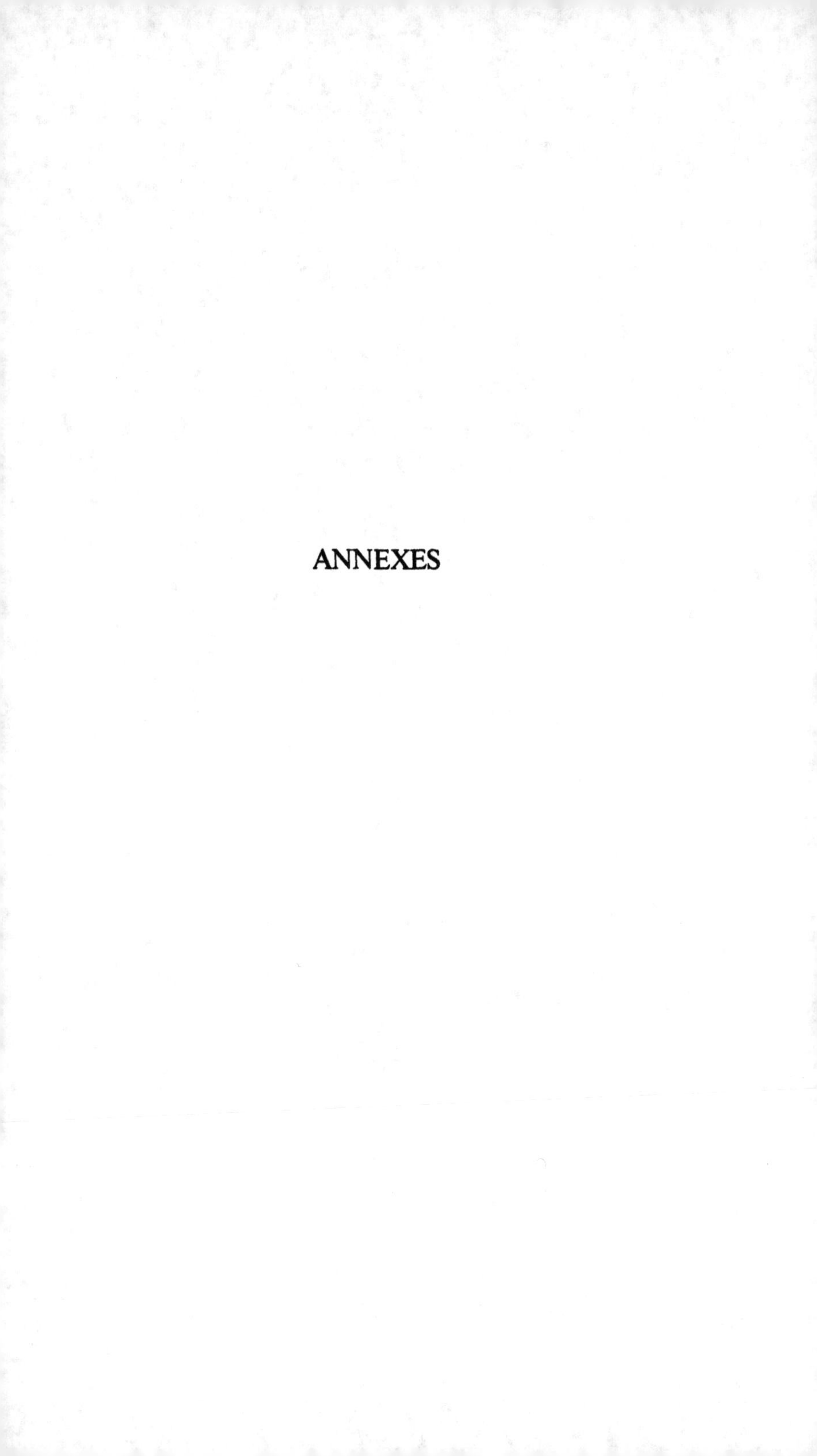

ANNEXES

TABLE DES MATIÈRES